数字化背景下
高校体育
教学模式与实践研究

黄 贺 向 敏 ◎著

郑州大学出版社

图书在版编目(CIP)数据

数字化背景下高校体育教学模式与实践研究／黄贺，向敏著. -- 郑州：郑州大学出版社，2025. 7. -- ISBN 978-7-5773-1145-6

Ⅰ. G807.4

中国国家版本馆 CIP 数据核字第 2025867J8U 号

数字化背景下高校体育教学模式与实践研究

SHUZIHUA BEIJING XIA GAOXIAO TIYU JIAOXUE MOSHI YU SHIJIAN YANJIU

策划编辑	胥丽光	封面设计	王　微
责任编辑	吴　静	版式设计	苏永生
责任校对	胡佩佩	责任监制	朱亚君

出版发行	郑州大学出版社	地　址	河南省郑州市高新技术开发区
经　销	全国新华书店		长椿路 11 号(450001)
发行电话	0371-66966070	网　址	http://www.zzup.cn
印　刷	郑州宁昌印务有限公司		
开　本	787 mm×1 092 mm　1／16		
印　张	11.25	字　数	230 千字
版　次	2025 年 7 月第 1 版	印　次	2025 年 7 月第 1 次印刷

书　号	ISBN 978-7-5773-1145-6	定　价	56.00 元

本书如有印装质量问题,请与本社联系调换。

随着社会的发展和时代的进步,以及互联网和数字技术的发展,数字化体育教学逐步登上历史的舞台,其不仅能够发挥现代体育教学的优势,也能弥补传统体育教学的不足。然而,我国数字化技术相对发达国家起步较晚,数字化体育教学受到了制约。近年来,在信息化、网络化和数字化背景下,数字化体育教学模式的优势已经逐步展现。本书是在数字化的大背景下,对高校体育教学模式和实践进行了研究,希望能为同行业朋友提供一些经验与建议,供大家交流参考。

本书共七章,其中第一章是绪论,分析了本书的研究背景与研究意义,在此基础上分别对数字化时代的背景、数字化时代的来临及其对教育行业的影响以及数字化技术的发展及其对高校体育教学的影响进行了分析;第二章分析了高校传统体育教学模式,首先从高校体育教学模式的现状分析入手,分析了传统体育教学模式的特点与局限,并对国内外高校体育教学模式进行了对比研究,指出了高校体育教学在数字化时代的机遇,提出了传统体育教学模式向数字化转型的必要性;第三章论述了数字化时代高校体育教学,分别从数字化体育教学的概念与特点、数字化体育教学的理论基础以及教育数字化战略与教育现代化的关系三个方面进行了概述;第四章详细介绍了高校数字化体育教学资源与技术,主要从数字化体育教学资源的分类与获取、教学平台的构建功能、教学资源的整合以及数字化工具的种类与功能等四方面进行了分析;第五章研究了数字化背景下高校体育教学模式创新与实践,分别对线上线下融合教学模式、翻转课堂教学模式、个性化教学模式与智能教学系统以及虚拟仿真技术教学模式四种教学模式进行多方面论述,并开展应用研究、列举实践案例;第六章研究了数字化背景下高校体育教学评价体系的构建,主要从评价体系构建的原则与目标、评价体系的具体内容与指标以及评价体系的应用与实施三个方面进行了分析论述;第七章分析了数字化背景下高校体育教学模式实施中遇到的问题、面临的挑战以及针对这些问题和挑战应采用的对策,并对数字化体育教学模式进行了未来展望。

本书由重庆工商大学派斯学院黄贺和向敏共同撰写。具体分工如下:黄贺负责撰写本书第一、二、五章的内容;向敏负责撰写本书第三、四、六、七章的内容。

本书的写作凝聚了作者辛勤的研究成果,在写作过程中参考了相关的文献资料和网络资料,在此对相关作者表示感谢。但由于作者知识水平有限,书中可能存在错误和不当之处,对此,希望各位专家学者和广大读者批评指正,并提出宝贵意见。

目录

第一章 绪 论

随着科技进步,以及互联网和数字技术的发展,数字化体育教学逐步登上历史的舞台,其不仅能够发挥现代体育教学的优势,也能弥补传统体育教学的不足。然而,我国数字化技术相对于发达国家起步较晚,数字化体育教学受到了制约。近年来,我国数字技术已经得到迅速发展,我国高校体育教学因诸多因素未能跟上时代节奏,因此本书是在数字化的大背景下,对高校体育教学模式和实践进行研究,以期尽快、全面实现数字化体育教学。

第一节 研究背景与意义

一、研究背景

2021年3月,《中华人民共和国国民经济和社会发展第十四个五年规划和2035年远景目标纲要》中提出,到2035年我国将建成文化强国、教育强国、人才强国、体育强国、健康中国,国民素质和社会文明程度达到新高度。要加快我们国家体育强国建设的步伐,就应当在党的二十大精神指引下,高度重视并充分发挥体育在促进人的全面发展中的重要作用;应当广泛开展全民健身活动,不断推动体育改革创新,同时更应当高度关注并加强青少年体育工作,促进体育强国的全面发展。党中央、国务院高度重视我国体育强国建设,并不断出台配套措施,推动教育强国和体育强国战略的落地实施,这一系列的文件和举措对我国高校体育工作提出了新的更高的要求。在体育强国建设的当下,高校体育应当是体育强国建设的重要组成部分。鉴于此,高校体育应该如何主动适应建设"五育融合"综合育人体系的新形势与新要求?如何与德育、智育、美育、劳育互相融合,促进当代大学生的全面发展成了亟待解决的问题。

二、研究意义

数字化背景下高校体育教学模式与实践的研究,具有深远的意义。

(一)推动高校体育教学改革与创新

1.教学模式的革新

数字化技术为高校体育教学提供了全新的教学模式,如在线教育平台、虚拟现实(VR)技术、智能运动设备等,这些新模式能够打破传统体育教学的时空限制,提高教学的灵活性和互动性。通过数字化技术,学生可以随时随地访问教育资源,进行自主学习和个性化学习,从而满足不同学生的学习需求,适应其学习节奏。

2.教学内容的丰富

数字化技术使得高校体育教学的内容更加丰富多彩,不仅涵盖了传统的体育技能和理论知识,还引入了更多与体育相关的前沿科技和新兴领域。学生可以通过数字化平台接触到更多优秀的运动员和教练,学习他们的技术和经验,提高自己的运动水平。

(二)提升高校体育教学质量与效率

1.教学资源的优化

数字化技术可以整合和优化高校体育教学资源,使得教学资源更加丰富、多样和便捷。教师可以通过数字化平台获取更多的教学资源和教学工具,提高自己的教学效果和教学质量。

2.教学评估的精准

数字化技术可以实现对学生学习过程的精准评估和反馈,帮助教师及时了解学生的学习情况和问题,从而进行有针对性的指导和帮助。学生也可以通过数字化平台查看自己的学习数据和评估结果,了解自己的进步和不足,从而调整自己的学习策略和方法。

(三)促进高校体育教育的普及与公平

1.教育普及的扩大

数字化技术可以使得高校体育教育更加普及、覆盖更广泛,让更多的人能够接触到体育教育,享受到体育带来的乐趣和益处。通过数字化平台,学生可以随时随地接受体育教育,不受时间和地点的限制,从而提高了体育教育的覆盖面和影响力。

2.教育公平的促进

数字化技术可以打破地域、经济等因素对高校体育教育的影响,使得更多的人能够享受到高质量的体育教育。通过数字化平台,学生可以接触到更多优秀的教育资源和教练团队,提高自己的运动水平和竞技能力,从而实现教育公平和机会均等。

（四）推动高校体育教育的国际化发展

1.国际交流的加强

数字化技术可以加强高校体育教育国际交流与合作,使得更多的学生能够接触到国际先进的体育教育理念和教学方法。通过数字化平台,学生可以与国际上的运动员、教练和学者进行交流和互动,了解他们的经验和成果,从而拓宽自己的视野和思路。

2.国际竞争力的提升

数字化技术可以提升高校体育教育的国际竞争力,使得高校在体育教育领域更加具有影响力和话语权。通过数字化平台,高校可以展示自己的体育教育成果和特色,吸引更多的国外学生和学者前来学习和交流,从而推动高校体育教育的国际化发展。

总之,数字化背景下高校体育教学模式与实践的研究具有深远的意义,它不仅推动了高校体育教学改革与创新,提升了教学质量与效率,还促进了高校体育教育的普及与公平以及国际化发展。因此,我们应该加强对数字化背景下高校体育教学模式与实践的研究和探索,为高校体育教育的未来发展注入新的活力和动力。

第二节 数字化时代的背景介绍

一、数字化时代的含义与本质

（一）数字化时代的含义

数字化时代是继工业时代和信息时代之后的一个新时代。它是一个信息存在方式越来越趋向于数字形式,并且以数字技术为运作规则的时代。数字化时代是指运用计算机将生活中的信息转化为 0 和 1 的过程,是信息领域的数字技术向人类生活各个领域全面推进的过程。它利用数字化产生的技术应用于生活的各个角落,使得数字技术成为当代各类传媒的核心技术和普遍技术。

（二）数字化时代的本质

数字化时代的本质在于其开放、兼容和共享的特性,这些特性使得数字技术能够不断地发展完善,并逐渐渗透到人们生活的各个方面。数字化时代的本质主要包括以下几点。

一是信息数字化。数字化时代的核心是将信息转化为数字形式,这是数字技术的基础。通过数字化,信息可以更加高效、准确地被计算机处理和传输。

二是技术与社会融合。数字化时代不仅仅是技术层面的变革,更是技术与社会深度融合的结果。数字技术已经渗透到人类社会的各个领域,成为推动社会发展的重要力量。

三是开放与共享。数字化时代强调信息的开放性和共享性。通过数字技术,人们可以更加便捷地获取和分享信息,促进知识传播和创新产生。

四是价值创造与分配。数字化时代通过数字技术实现了价值的创造和分配。数字技术不仅提高了生产效率,也创造了新的商业模式和就业机会,推动了经济的转型升级。

五是智能化与自动化。数字化时代为智能化和自动化的发展提供了基础。通过大数据、人工智能等技术,人们可以实现更加智能和自动化的生产和服务,提高了社会的整体效率和水平。

二、数字化时代的主要特征

数字化时代是以信息技术为核心,将数字技术广泛应用于社会、经济和生活的各个方面的一个历史时期,同时也是以计算机和信息通信技术高速发展和广泛应用为主要标志的一个历史时期。这个时代的特征主要体现在以下几个方面。

1. 数据成为核心资源

在数字化时代,数据被视为一种新的生产资料,与劳动力、资本和土地等传统资源同等重要;数据的采集、存储、处理和分析能力成为企业和组织竞争力的关键因素。在数据驱动下,数据成为新的生产要素,通过大数据分析和人工智能等技术,可以挖掘出数据的价值,为决策提供支持。数据量的爆炸性增长,以及数据获取、存储、处理和分析能力的提升,使得数据驱动决策成为可能。

2. 信息技术广泛应用

(1)信息技术,如云计算、大数据、物联网、人工智能等,在各个领域得到广泛应用;这些技术不仅改变了生产方式,也深刻影响了人们的生活方式。智能化与自动化逐步融入现代社会。人工智能和自动化技术的发展,使得许多工作可以由机器和算法来完成,提高了生产效率和准确性。智能化技术还推动了智能家居、智能交通等领域的发展,改善了人们的生活质量。

(2)连接与共享。人与人、机器与机器、机器与人之间实现互联互通,构建起庞大的网络体系。数字化时代使得人与人、人与物、物与物之间的连接更加紧密,信息共享更加便捷。社交媒体、在线平台等应用使得信息可以快速传播和共享,促进了全球化和跨文化交流。

（3）迭代速度快。科技企业不断创新、升级,技术迭代速度超乎想象,企业需要具备快速反应能力。颠覆性强。新技术可能颠覆现有专利、商业模式等,企业需具备前瞻性,做好风险应对。价值创造为核心。产品和服务能真正为客户带来价值成为衡量成功的关键指标。

（4）个性化与定制化。数字化时代使得产品和服务可以更加个性化和定制化,满足消费者的不同需求。通过数据分析,企业可以更好地了解消费者的偏好和行为,提供更加精准的产品和服务。

（5）网络安全与隐私保护。数字化时代也带来了网络安全和隐私保护的问题。随着数据量的增加和数据流动的加速,网络安全威胁和隐私泄露的风险也在增加。因此,加强网络安全防护和隐私保护成为数字化时代的重要任务。

3. 数字经济迅速崛起

（1）数字经济成为经济增长的重要引擎,包括电子商务、数字金融、数字创意产业等,数字经济的发展推动了全球经济的转型升级,并带来了新的商业模式和就业机会。

（2）数字技术的融合与创新。数字技术不断与其他领域的技术进行融合,如生物技术、材料科学等,推动了科技创新和产业升级。这种融合也促进新技术、产品和服务不断涌现。此外,数字化时代的技术不仅仅是计算机和信息通信技术,还包括物联网、云计算、人工智能、区块链等多种技术的融合。这些技术的融合推动了产业的升级和转型,催生了新的商业模式和经济增长点。

（3）数字鸿沟的缩小与扩大并存。一方面,数字技术的普及和应用使得信息更加开放和透明,有助于缩小地区间的信息差距。另一方面,由于技术、资源、人才等方面的差异,数字鸿沟在某些领域和地区可能仍在扩大。

（4）数字治理的重要性。数字化时代需要更加高效、透明和开放的数字治理体系来应对新的挑战和问题。这包括数据保护、隐私权益、网络安全等方面的法律法规和政策的制定。

（5）数字化转型的加速。数字化转型已成为企业和组织发展的重要趋势,包括业务流程的数字化、组织结构的调整以及企业文化的变革等。这种转型有助于提升企业的运营效率、创新能力和市场竞争力。

（6）数据量大、类型多样。数字化后的数据具有数据量大、类型多样的特点,这些特征共同构成了大数据的基础。

（7）持续变革与创新。数字化时代是一个持续变革和创新的时期。技术的快速发展和广泛应用推动了产业结构的调整和优化,催生了新的经济增长点。同时,数字化时代也要求人们不断学习新知识、新技能,以适应快速变化的社会和经济环境。

三、数字化时代对社会的影响

数字化时代对社会的影响可以从经济层面、社会层面和文化层面等三个层面进行论述。

(一)经济层面

1.数字经济成为经济增长新引擎

随着数字化技术的深入应用,数字经济已成为全球经济增长的主要驱动力。电子商务、数字金融、远程办公等新兴业态蓬勃发展,创造了大量就业机会,推动了传统产业的转型升级。基于数字平台的产业生态体系逐渐形成,企业间的竞争与合作模式发生了深刻变化,跨界融合成为常态。

2.推动产业变革

数字化技术正在重塑各行各业,从制造业到服务业,从教育到医疗,都在经历着数字化转型。这种转型不仅提高了生产效率和服务质量,还催生了新的商业模式和就业机会。

3.工作和生产的变革

数字化技术如人工智能、大数据、云计算等广泛应用于各行各业,有助于提高生产效率,推动产业创新和转型。

(二)社会层面

1.改变生活方式

智能手机和无线网络成为人们与世界相连的端口,数字化信息传递几乎涵盖日常生活的方方面面。数字化娱乐方式如在线游戏、短视频等也成为人们休闲生活的重要组成部分。个人的学习和娱乐方式越来越多地依赖于互联网技术,短视频、社交媒体成为主要的娱乐和社交平台。数字化技术让人们的生活更加便捷和高效。通过智能手机和互联网,人们可以随时随地获取信息、购物、支付账单、学习新知识等。

2.重塑社会结构

数字化技术正在改变社会的权力结构和组织方式。社交媒体和在线社区等新兴平台使得人们能够更容易地表达自己的观点和意见,形成了新的社会舆论场。数字化技术也在推动政府和企业更加透明和开放,提高了社会治理的效率和公正性。

3.社会连接方式的变化

数字化技术拓展了人与人之间的连接方式,理论上每个人都可以与世界上任何一个人轻易相连,信息共享变得便捷,社会连接的时效性得到极大提升。数学化技术推动社会治理现代化,提高社会治理效率和精准度。

(三)文化层面

1.促进文化交流

数字化技术打破了地域和语言的限制,使得文化交流更加便捷和广泛。人们可以通过互联网了解不同国家和地区的文化,促进了全球文化的多样性和包容性。

2.影响价值观念

数字化时代的信息传播速度快、范围广,对人们的价值观念产生了深远影响。一方面,数字化技术为人们提供了更多的信息来源和选择,有助于拓宽视野和丰富思想;另一方面,一些不良信息和价值观也可能通过网络传播,对人们的思想和行为产生负面影响。

3.教育和知识的获取

数字化资源使得教育资源更加丰富和易于获取,远程教育和在线学习成为可能。

第三节　数字化时代对教育行业的影响

数字化时代的来临是科技进步和社会发展的必然趋势,它对各个行业都产生了深远的影响,教育行业也不例外。数字化时代对教育行业产生了广泛而深远的影响,这种影响不仅体现在教学手段和方式的变革上,更涉及教育资源的获取、教育观念、教育模式的创新、学习方式的变革、教育公平的促进以及教育管理的智能化等多个方面。以下详细分析了数字化时代对教育行业的影响。

(一)教育观念的转变

在数字化时代,教育更加注重学生的个体差异和自主学习能力的培养。传统教育以教师为中心、知识传授为核心的模式正在逐渐转变为以学生为中心、注重学习过程和个体差异的模式。学生可以根据自己的兴趣、需求和节奏进行自主学习,而教师则转变为引导者、促进者和资源提供者,帮助学生制定学习计划、选择学习资源、解决学习问题。

数字化时代使得知识更新速度加快,人们需要不断学习新知识、新技能以适应社会发展的需求。因此,终身学习理念逐渐深入人心,教育不再局限于学校阶段,而是贯穿于人的一生。

(二)教育模式的创新

数字化技术推动了教学模式的创新,如翻转课堂、混合式学习等新型教学模式的兴起。教师可以通过数字化工具进行个性化教学,满足学生多样化的学习需求。

1.混合式学习

数字化技术推动了混合式教学模式的发展,即线上教学与线下教学的有机结合。混合式学习将线上学习和线下学习相结合,这种教学模式既保留了传统课堂教学的优势,又充分利用了数字化技术的便利性。学生可以在线上获取优质教育资源、进行自主学习和协作学习,同时在线下与教师进行面对面的交流和指导。

2.个性化学习

数字化技术使得个性化学习成为可能。通过大数据分析和人工智能技术,可以对学生的学习情况、兴趣偏好等进行精准分析,教师可以根据学生的学习特点和需求,为学生提供个性化的学习路径、教学内容、学习资源和路径规划,从而提高教学效果和学习效率。

3.智慧教育

智慧教育是数字化时代教育的重要发展方向。它利用物联网、云计算、大数据等现代信息技术手段,构建智能化、网络化、个性化的教育环境,实现教育资源的优化配置和高效利用。

(三)学习方式的变革

学生可以随时随地利用数字化设备进行学习,打破了传统课堂教学的时空限制。数字化时代的学习者可以根据自己的时间和节奏进行学习,不再受传统课堂教学的限制。这种灵活性和自主性有助于激发学生的学习兴趣和动力。

数字化学习工具如学习App、在线题库、虚拟现实技术等,为学生提供了多元化的学习方式和体验,提高了学生的学习效率和自主学习能力,使学习变得更加生动有趣。

(四)教育管理的优化

1.数据驱动管理

数字化时代使得教育管理更加数据化、智能化。通过收集和分析学生的学习数据、教师的教学数据等,可以实现对教育过程的精准管理和优化。数据驱动管理有助于发现教育过程中的问题和不足,为教育决策提供科学依据,从而提高教育管理的效率和质量。教育管理者可以利用大数据和人工智能技术,对学生的学习数据进行深入分析,为教学和管理决策提供科学依据。数字化技术使得教育管理更加智能化和精细化。学校可以通过大数据分析学生的学习情况,为教学提供科学依据。

2. 教育资源的丰富与共享

数字化时代促进了教育资源的开放与共享。建立教育资源共享平台,可以促进优质教育资源的流通和共享,缩小教育差距,实现教育公平。一方面可以获取全球的教育资源。数字化时代使得教育资源不再受地域和时间的限制,学生可以通过互联网获取全球范围内的优质教育资源。数字化时代使得教师和学生能够轻松访问全球范围内的教育资源和信息,如在线课程、电子书籍、学术论文等。这极大地丰富了教学内容,拓宽了学生的知识视野。另一方面是资源共享的便捷性。数字化教育平台、在线课程、电子图书等资源的出现,极大地丰富了学生的学习内容,创新了学习方式。通过在线教育平台和社交媒体,教师和学生可以共享优质的教育资源,促进知识的传播和共享。

3. 协同合作

数字化时代需要政府、学校、企业等多方协同合作,共同推进教育数字化的发展。政府应发挥主导作用,制定政策鼓励、提供资金并加强监管;学校应积极推进数字化教学改革,培养适应数字化时代的教师队伍;企业应提供技术支持和优质的数字化教育资源。

4. 高效的管理流程

数字化技术可以优化教育管理流程,提高管理效率。教育管理者可以利用电子化管理系统等数字化工具进行学生信息管理、课程安排、教学质量评估等工作,提高管理效率。

(五)教育技术的应用与发展

数字化技术使得在线课程和虚拟实验室成为可能。学生可以在线上学习优质课程、进行实验操作等,从而拓宽学习渠道和方式。

智能教育软件如智能辅导系统、智能测评系统等,可以为学生提供个性化的学习辅导和测评服务,帮助教师更好地了解学生的学习情况并进行针对性的指导。

人工智能和机器学习技术在教育领域的应用日益广泛。它们可以帮助学生创造个性化学习体验,使教师从烦琐的教学科研活动中解放出来,并协助学校管理人员分析和辅助判断。

(六)教育公平的促进

数字化教育为偏远地区和贫困学生提供了更多接受优质教育的机会。在线教育打破了地域限制,使得偏远地区和贫困学生也能够接触到优质的教育资源,从而有助于缩小教育差距。

通过远程教育、在线教育等方式,学生可以接触到更多优质的教育资源,提升教育质量。通过数字化手段,教师可以更加精准地了解学生的学习情况,提供有针对性的指导和帮助,从而提高教育质量和学生的学习成绩。

(七)数学化时代给教育行业带来的挑战

数字化时代也给教育行业带来了挑战,如数字鸿沟、隐私保护、数据安全等问题。虽然数字化时代为教育行业带来了诸多便利,但也存在数字鸿沟问题。一些偏远地区或经济欠发达地区的学生可能无法充分享受数字化教育资源。因此,需要政府和社会各界共同努力,加大对这些地区的投入和支持力度。

对于面临的挑战,数字化时代要求学生和教师都具备一定的信息素养和技能。教育机构需要加强对数字化技术的培训和推广,需要加强对师生信息素养的培养和培训工作,提高他们的数字化素养和技能水平;同时,也需要建立完善的数据保护机制,确保学生个人信息的安全。

第四节　数字化技术的发展及其对高校体育教学的影响

作为 21 世纪的重要驱动力,数字化技术正以前所未有的速度改变着世界。它不仅在经济、科技、文化等领域产生了深远影响,还在教育领域,特别是高校体育教学中展现出了巨大的潜力。

一、数字化技术的发展

近年来,数字化技术如人工智能、大数据、虚拟现实(VR)、增强现实(AR)等取得了显著进展。这些技术为体育教学提供了全新的教学手段和工具,使得教学方式更加多样化、个性化。例如,通过智能运动设备收集学生的运动数据,教师可以更准确地了解学生的运动状况,进而制定个性化的教学方案。同时,虚拟现实技术能够模拟各种运动场景,让学生在安全的环境中体验不同的运动项目,提高了教学的趣味性和实效性。

二、数字化技术对高校体育教学的影响

国家体育总局印发《"十四五"体育发展规划》,对体育信息化建设进行了部署,体现了体育领域以信息化培育新动能的新理念,对助力实现高校数字体育建设目标具有重大

意义。高校体育教学将数字体育应用到教学训练之中,将成为当代体育人才培养模式的一大飞跃,并从实质上改变高校体育教学的现状,更好地促进体育教学改革。数字化技术的发展对高校体育教学产生了显著且深远的影响,主要体现在以下几个方面:

(一)数字化技术促进了教学内容的改革

传统的体育教学,教师在讲解与示范动作时,要求相当规范。而在现实中,教师示范动作的规范性可能受到自身条件限制,体育教师因客观因素,如年龄、身体素质、周围环境等,在技术示范中可能会有失规范。而数字化体育教学能够将世界上优秀运动员的规范技术演示给学生,通过播放优秀运动员的规范技术演示,使学生学习到更准确的技术动作,还能利用数字体育这一新颖的教学手段引起学生的注意,使学生建立起以兴趣为主的快乐体育教育观念。此外,数字体育教学还能通过快慢、回放等变换功能,突出教学内容的重点和难点,提高教学效率。

数字体育教学有利于突出教材重点、难点。教学中如何突破教材重点、难点,以达到预期的教学目的,是影响教学质量的重要因素。现代高校体育教学中,教师可以利用数字体育的技术手段,在展现技术动作时,采取快慢、回放等变换功能,突出教学内容,使教学的重点、难点更清晰,便于学习。同时,使用数字体育这一直观的教学模式,节约了教学时间,从而真正提高教学的效率,提升教学效果。

(二)数字化技术丰富了教学资源

数字技术使得体育课程资源变得更加丰富和多样。通过互联网,教师可以获取到大量的教学视频、图片、动画等资源,用于辅助教学。这些资源不仅形象生动,还能帮助学生更好地理解运动技能和规则。这些数字教材提供了丰富多样的多媒体内容,能够提升教学的吸引力,激发学生的学习兴趣。数字教材还具有个性化、互动性强的特点,能够满足学生多样化的学习需求,培养学生的自主学习能力。此外,高校可以建立数字体育教育资源库,将各类资源进行整合和分类,方便教师和学生进行检索和使用。数字化技术不仅使得体育教学资源变得更加丰富和多样,通过数字技术,还使得不同高校之间的体育教学资源实现共享,促进了教学资源的优化配置和高效利用。

(三)数字化技术激发学生学习兴趣并个性化学习

数字化技术有助于激发学生的学习兴趣并实现个性化学习。一方面,数字体育课程可以将体育游戏融入教学体系,通过设置不同的难度和挑战,提升学生的竞技水平和团队合作精神。这种游戏化的教学方式能够激发学生的运动兴趣,提高他们参与体育锻炼的积极性。数字体育课程运用互联网思维将体育游戏融入体育教学课程体系,为学生提供了新思路和新方法。学生不再是被动接受运动知识和技能的个体,而是主动参与到运动过程中,与数字体育游戏互动。游戏中的团队合作和竞争元素能够减少学生独自运动的乏味感,引导他们组建团队进行体育运动。另一方面,数字技术能够根据学生的个体差异和需求提供个性化的学习方案。通过收集和分析学生的运动数据、学习习惯等信息,教师可以为每个学生量身定制适合他们的教学内容和方法,满足学生的个性化学习需求。这种个性化的学习方式能够帮助学生更好地掌握体育技能,提高运动成绩,同时也能增强他们的自信心和学习动力。

(四)数字化技术革新了教学方式与手段

数字化技术为高校体育教学带来了全新的教学方式和手段。一方面,借助数字技术,高校体育教学可以实现线上与线下的融合,体育教学可以突破时间和空间的限制,实现线上教学。学生可以通过在线课程、教学视频等资源进行自主学习和个性化学习,这种学习方式更加灵活便捷,有助于提高学生的自主学习能力。另一方面,借助虚拟现实与增强现实技术等数字化手段,学生可以沉浸在虚拟的运动环境中进行练习,如模拟足球比赛、篮球训练等。这种教学方式不仅提高了教学的趣味性和实效性,还能有效避免实际运动中的风险。此外,在教学中利用数字体育的影像,采用慢动作、回放等教学手段,将正确的动作示范和错误的动作同时播放,通过对比,使学生加深正确的技术动作印象,以减少意外伤害事故的发生。

(五)数字化技术提升了体育教学效果并实现精准评估

数字化技术为体育教学效果的提升和评估提供了有力支持。一方面,通过数字技术,教师可以利用智能运动设备对学生的运动数据进行实时监测和分析,了解学生的运动状况和进步情况。这有助于教师及时调整教学策略和方法,提高教学效果。数字技术还能实现远程教学和在线辅导,使得体育教学不再受限于地域和人数。教师可以利用网络平台对学生进行远程指导和答疑,提高教学效率和质量。另一方面,数字技术还能够实现对学生运动技能的精准评估。通过对比学生的运动数据和标准数据,教师可以对学生的运动技能进行客观、准确的评价,为学生的学习提供有针对性的反馈和建议。

(六)数学化技术有助于建立科学、客观的学校体育管理和评价体系

教学中利用数字技术,体育教师将学生练习中的动作进行录像采集,与正确的技术动作进行比较,可激发学生的学习动机,提高体育教学训练的效果与水平。借此,可在高校中针对性地构建科学、客观的管理和评价体系,能够为体育教学研究提供科学化的指导。数字化技术还改变了教学评价方式。通过数字体育教学,建立学生的个人档案,对学生形态机能、身体素质和心理状况等各种数据进行分析处理,以便因材施教,凸显以学

生为主体地位的教学思想,实现良好的教学效果。通过建立学生的个人数字档案,教师可以对学生的形态机能、身体素质和心理状况等各种数据进行详细分析,实现因材施教。此外,利用数字技术进行动作录像采集和对比,可以激发学生的学习动机,提高教学效果。

第二章 高校传统体育教学模式分析

高校传统体育教学模式是一种历史悠久且影响深远的教学方式,它在我国高校体育教学中占据了重要地位。

第一节 传统体育教学模式的特点与局限

一、传统体育教学模式的特点

高校传统体育教学模式是以教师为中心,通过教师的讲解、示范以及学生的模仿、练习来传授体育知识和技能的一种教学方式。这种模式的特点在于其强调教师的权威性和主导作用,学生则处于被动接受知识的地位。高校传统体育教学模式具有如下几方面的特点。

(一)教师主导性

在传统教学模式中,教师通常占据主导地位,负责教学计划的制定、教学内容的选择以及教学方法的运用。学生通常被动接受知识,缺乏主动探索和创新的机会。教师通过讲解、示范等方式,将体育知识和技能传授给学生,学生在教师的指导下进行练习。

(二)注重技能传授

传统体育教学模式强调运动技能的传授和训练,通过反复练习和纠正,使学生能够掌握基本的运动技能。教学内容通常包括田径、球类、体操等传统体育项目,注重培养学生的体能和竞技能力。

(三)课堂组织有序

传统体育教学模式下的课堂组织通常较为有序,教师会按照一定的教学流程进行授课,确保学生能够按照要求完成学习任务。课堂上会有明确的纪律要求,以保证教学环境的稳定和学生的学习效率。

(四)集体授课

传统体育教学模式通常采用大班授课的形式,学生人数较多,难以进行个性化教学。教师难以关注每个学生的个体差异,无法满足不同层次学生的需求。

(五)评价体系相对固定

传统体育教学模式下的评价体系通常相对固定,主要依赖运动技能考核成绩来评价学生的学习效果。教师会根据学生的技能表现、参与度等方面进行评价,给出相应的分数或等级。

(六)应试导向

体育教学往往与考试和成绩挂钩,学生为了取得好成绩而努力学习,忽视了体育的健身和娱乐功能。

二、传统体育教学模式的局限

高校体育传统教学模式存在学生主体性不足、教学内容单一、教学方法单调和评价体系不够全面等局限。

(一)学生主体性不足

在传统教学模式中,由于教师中心化的教学方式,学生往往处于被动接受知识的地位,缺乏参与和互动的机会,缺乏主动性和创造性。传统体育教学模式往往忽视了学生的学习兴趣、个体差异和个性化需求,无法为每个学生提供适合其兴趣和能力的体育教学内容和方法,导致学生缺乏学习动力。学生难以根据自己的兴趣和需求进行自主学习和选择,导致学习兴趣和动力不足。

(二)教学内容单一

传统体育教学模式的教学内容相对单一,主要以传统体育项目为主。随着时代的发展和社会的进步,学生对体育项目的需求日益多样化,传统的教学内容已难以满足学生的需求。

(三)教学方法单调

传统体育教学模式的教学方法相对单调,主要以讲解、示范和练习等单一的教学方法为主,缺乏趣味性、互动性,缺乏创新和多样性,难以满足现代学生的学习需求。这种缺乏趣味性和互动性的教学方法,难以激发学生的学习兴趣和积极性。

(四)评价体系不够全面

传统体育教学模式下的评价体系主要关注学生的运动技能水平考核成绩,忽视了对学生体育素养、身心健康等方面的全面评价。这种评价体系无法全面反映学生的体育表现和发展潜力,不利于学生的全面发展。

第二节 高校体育教学模式的现状分析

一、高校体育教学模式的现状

随着教育改革的逐步推进,高校体育教学模式也渐渐呈现出多样化、创新化等现状。

(一)教学模式多样化

随着教育改革的不断深入,高校体育教学模式逐渐呈现出多样化的特点。除了传统的体育技能教学模式外,还涌现出了许多新的教学模式,如游戏化教学、情境式教学、项目化教学等。这些新的教学模式旨在激发学生的学习兴趣,提高学生的参与度,从而更好地实现教学目标。

(二)教学内容丰富化

高校体育教学内容也日益丰富多样。除了传统的田径、球类、体操等项目外,还增加了瑜伽、街舞、体育舞蹈等新兴时尚体育项目。这些项目的引入不仅满足了学生的个性化需求,也丰富了校园文化生活,提高了学生的综合素质。

(三)教学方法创新化

在教学方法上,高校体育教学也进行了许多创新。例如,利用多媒体教学软件、智能穿戴设备等现代信息技术,提高了教学效果和趣味性。同时,高校体育教学还注重培养学生的自主学习和创新能力,鼓励学生在体育锻炼中自主探索和发现新的运动技能和方法。

(四)教学资源与设施改善

随着高校对体育教育的重视程度不断提高,体育教学资源和设施也得到了显著改善。许多高校加大了对体育场地、器材等基础设施的投入力度,为学生提供了更好的运动环境和条件。此外,高校体育教学还加强了对体育教师的培训和管理,提高了教师的专业素养和教学水平。

二、高校体育教学模式存在的问题

尽管高校体育教学模式在不断创新和发展,但当前,我国高校的体育教学模式存在着不同地区和不同高校之间的差异性。通过对多所高校体育课程教学的调研发现,高校注重学生综合素质的培养,注重体育比赛及学生身体健康意识的培养。但是,高校体育课程教学模式还存在着以下几个问题。

(一)教学手段和方法相对滞后

高校体育课程教学中以运动技能学习为主,教学手段和方法相对滞后,有些仍以传统的教学、示范、练习等灌输式教学方法为主导,缺乏教师与学生之间的互动以及创新的教学模式。这种以高校教师为中心的教学模式会受到时间、地点等因素的限制,因为它的实施需要在课堂中进行。现在高校体育教学普遍存在的一种现象是实行大班教学制,学生来自不同的专业且人数相对较多,甚至来自不同的学院,这就会导致教师讲解、演示后就放任学生自由练习,整节课上大家互相之间的交流较少,教学效果极其低下。此外,部分教师对于现代化的教学方法和手段不够熟悉,缺乏相关的教学经验和技能;另外,一些高校由于资金、设备等方面的限制,无法全面推广现代化的教学方法和手段。

(二)课程内容设置匮乏

目前,尽管高校体育课程设置逐渐多样化,但仍然存在一些问题。例如,部分高校体育课程仍然过于注重运动技能的培养,而缺乏对学生综合素质的培养;另外,一些课程内容过于陈旧,与现代体育教学目标和多数学生的需求不相适应。我国大多数高校的体育课程内容依然以篮球、排球、足球、乒乓球等传统体育项目为主,现代新兴体育项目的内容安排较少,这就导致体育课程内容多样性和个性化的匮乏。21世纪出生的大学生对传统体育项目感兴趣的较少,这对他们来说,参加传统体育项目可能会成为学习上的负担,参与度降低。

(三)重教学结果

高校现在的教学模式目的性很强,就是为了训练学生的体能,而忽视了其中最重要的东西,那就是高校大学生的学习兴趣、态度以及训练过程。高校每个学生的身体状况、兴趣爱好不同,高校教学过程中追求结果的教学模式对学生来说没有起到很好的教学效果。当今千篇一律的高校教师讲解、训练的教学模式使得学生参加体育课仅仅是为了应付学习,达到标准即可,对高校体育教学的目的和效果完全不在意,学生积极性不高,学校的教学目的没有达到,更不用说国家要求的强身健体、体育强国的要求。足见当前高校的体育教学不利于学生的健康发展,更难满足国家体育强国的需要。

(四)学生积极性不高

从高校的体育教学模式来看,学生对参与体育课程的积极性不高。一是传统的单向教学模式没有更好地培养高校学生自主训练的能力,学生的自主能动性没有发挥出来,就很难对体育产生浓厚的兴趣。二是学校对体育教学的重视程度不够。体育文化建设应当是高校文化建设中的重要组成部分。然而当前高校对学校体育文化建设重视度不够,导致高校自身的体育文化建设相对薄弱。学生基本上只会在体育课中接触体育文化和运动,虽然高校也会定期举办体育竞赛和体育活动,但能够参与这些活动的人数有限;此外,参加体育锻炼的大部分学生也仅为应付体育考试和体质健康测试。三是教学手段滞后和课程内容匮乏,就会出现体育课程的目标难以实现的问题,学生就不可能达到全面发展。受限于学生自身条件,现有的教学模式就会导致自身条件差的学生对体育课程产生抵触心理;而对于自身条件好的学生来说,他们不满足于现有的基础教学而对其产生厌倦情绪。因此,在现有的教学模式下融入现代化的元素,就有可能提高学生对体育课程的兴趣。数字化是时代发展的产物,在此背景下对体育教学模式进行探索,有利于开发高校学生对体育课程的兴趣度,提高大学生的身体素质,对实现我国的体育强国目标也会起到促进作用。

(五)教学资源与设施

高校体育教学资源和设施的配备是保障教学质量的重要条件。目前,许多高校已经加大了对体育教育的投入,提高了体育场地和器材的配备水平。然而,高校教学资源分配不均现象依然严重存在,一些高校由于资金、设备等方面的限制,无法为学生提供充足的体育教学资源和设施,严重制约了体育教学的开展。此外,一些高校的体育教师队伍建设也存在不足,缺乏具有专业素养和教学热情的体育教师。

三、高校体育教学在数字化时代的机遇

在数字化时代,高校体育教学迎来了诸多机遇,这些机遇不仅有助于提升体育教学的质量和效率,还能推动体育教学的创新和国际化发展。

(一)政策支持与教育数字化战略

近年来,我国教育部门对学校体育的重视程度日益提高,提倡全民健身和健康中国

战略,鼓励学校开展丰富多彩的体育活动。这为高校体育数字化教学提供了坚实的政策基础。国家把教育数字化上升到了国家级的战略高度,强调通过教育教学的数字化来促进教育的转型,为教育强国、人才强国事业发展建设提供重要人才保障。教育部等相关部门出台了一系列政策,鼓励高校利用数字技术进行教学创新,提升教学质量。这为高校体育教学数字化提供了有力的政策保障。

(二)技术进步与创新应用

一方面是数字技术快速发展。物联网、大数据、云计算、人工智能等技术的快速发展,为高校体育数字化教学提供了强大的技术支撑。这些技术可以实现体育设施的智能化管理、学生运动数据的实时监测与分析,以及个性化教学计划的制定。另一方面是虚拟现实技术等的创新应用。虚拟现实技术能够营造崭新的体育情境,弥补传统体育教育的不足。通过 VR 设备,学生可以身临其境地参与各种体育项目的训练,提高学习效果。

(三)教学资源优化与共享

一方面是数字化优化了教学资源。物联网、大数据、云计算、人工智能等技术的快速发展,为高校体育教学提供了丰富的数字化资源和工具。这些技术可以应用于体育教学的各个方面,如运动数据分析、个性化教学、虚拟仿真训练等,极大地提升了体育教学的效率和效果。高校既可以积极发掘和利用数字教学资源,如视频材料、网络公共资源等,来丰富体育课程资源体系,使体育课程变得更加有趣和生动。高校体育教学可以利用数字化教学资源,如在线课程、电子教材、虚拟实验室等,丰富教学内容,提高教学效果。这些资源具有更新快、交互性强、易于获取的特点,有助于提升学生的学习兴趣和参与度。另一方面是资源共享与协作。高校之间可以开展协作,推动数字化教学资源的共享与利用,提升资源的利用率。同时,也可以与科研机构、企业等开展合作,共同开发更加科学的体育课程和数字化教学工具。

(四)市场需求增长

随着人们生活水平的提高和健康意识的增强,越来越多的学生开始关注体育锻炼,对体育课程的多样化和个性化需求日益增加。数字化教学以其便捷、高效的特点,满足了学生的运动需求,因此具有广阔的市场前景。

(五)教学模式与方法的创新

在数字化时代,高校体育教学模式和方法迎来了新的发展机会。我国高校体育教学可以采用线上线下混合式教学的模式,将线上理论学习与线下实践操作相结合。这种模式能够打破时空限制,提供灵活多样的学习方式,满足不同学生的学习需求。结合线上和线下的教学模式,学生可以在课堂上接受教师的指导,在课后通过数字化教学平台进行自主学习和互动交流。引入智能化教学辅助工具，如智能穿戴设备、虚拟现实技术等，可以实时监测学生的运动数据，提供个性化的运动指导和反馈。这些工具能够帮助学生更好地掌握运动技能，提高运动表现。此外，高校体育教学还可以为学生进行个性化教学，满足学生的需求，提供更加丰富、有趣、个性化的体育课程和训练方案。通过对学生体能、兴趣、运动习惯等数据的收集和分析，系统能够为学生制定更加贴合其个人特点的教学计划。这不仅能提高学生的学习兴趣和参与度，还能帮助他们更有效地达到锻炼目标。

（六）促进体育教师专业发展

高校体育教育数字化能够促进体育教师提升信息素养。数字化教学要求体育教师具备一定的信息素养和数字化教学能力。高校既可以加强对体育教师的培训，提高他们的信息素养和数字化教学能力，同时也能促进体育教师的教学研究。数字化教学平台为体育教师提供了丰富的教学资源和数据支持，有助于他们进行教学研究和创新。

（七）教学管理与评估的智能化与精准化

高校可以引入智能教学管理系统，对体育教学过程进行智能化管理和监控。这些系统能够实时记录学生的学习进度、成绩和反馈等信息，为教师提供准确的教学评估依据。通过大数据分析技术，高校可以对体育教学数据进行深入挖掘和分析。这些数据可以揭示学生的学习规律、兴趣点和潜在问题，为教师提供有针对性的教学改进建议。

（八）促进国际交流与合作

在数字化时代，高校可以更加便捷地获取和共享国际体育教学资源。这有助于提升体育教学的国际化水平，促进不同国家和地区之间的体育教学交流与合作。高校可以组织在线国际体育交流活动，如在线体育竞赛、国际体育教学研讨会等。这些活动能够增进不同国家和地区之间的友谊与合作，推动体育教学的国际化发展。

四、高校体育教学模式向数字化转型的必要性

传统高校体育教学模式向数字化转型的必要性主要体现在以下几个方面。

（一）满足现代教育需求

在教育强国建设背景下，高等教育质量要求日益提升。教材作为教学内容的核心，其质量与形式对提升教学质量和学生学习效果至关重要。国家高度重视教材数字化转型，并出台政策扶持。教育部已明确提出利用新一代信息技术，打造示范性新形态教材，凸显数字化技术在塑造新型教材形态中的重要性。因此，传统高校体育教学模式向数字

化转型是响应国家政策、满足现代教育需求的重要举措。

(二)适应数字化时代的发展需求

随着数字化时代的来临,信息技术在教育领域的应用日益广泛。高校体育教学作为高等教育的重要组成部分,也需要紧跟时代步伐,充分利用数字化工具和技术手段,创新教学模式。这不仅能够丰富教学内容,提高教学质量,还能够激发学生的学习兴趣和积极性,为培养具有创新精神和实践能力的高素质人才提供有力支持。

(三)应对青少年体质健康问题的挑战

近年来,青少年体质健康问题日益凸显,如耐力、速度、力量等身体素质指标下降,超重肥胖、视力下降、姿态不良等新问题日益严重。同时,心理问题也呈现一定程度的增长趋势。这些问题与青少年运动不足密切相关。因此,高校体育教学模式的变革势在必行,需要通过增加体育课程时长、优化教学内容、创新教学方法等手段,引导学生积极参与体育锻炼,增强体质,提高身心健康水平。

(四)提升教学质量与效率

数字化体育教学能够丰富课程内容与形式,集成多种媒体资源,如视频、动画、音频等,使课程更生动、直观,有助于增强实践体验,帮助学生理解复杂运动技能和理论知识。同时,数字化教材还可以提供在线问答、讨论区等功能,加强师生互动,构建个性化学习路径,根据需求提供定制化教学内容,实现因材施教。这些功能都有助于提升体育教学的质量与效率。

(五)实现教育公平和可持续发展

高校体育教学模式的变革有助于实现教育公平和可持续发展。数字化体育教学可以实现教育资源的共享与优化配置,通过数字化教学资源的共享和普及,打破地域、时间等限制,可以缩小城乡、区域之间的教育差距,让更多的学生享受到高质量的体育教学资源。同时,数字化教学还可以促进教育公平,让偏远地区的学生也能接受到先进的体育教学理念和方法。变革后的教学模式还能够促进高校体育教育的可持续发展,为培养具有终身体育意识和健康生活方式的高素质人才提供有力保障。

(六)适应学生学习习惯

当代大学生生活在一个数字化、信息化的时代,他们更倾向于使用电子设备来获取信息和知识。因此,传统高校体育教学模式向数字化转型可以更好地适应学生的学习习惯,提高学生的学习兴趣和积极性。数字化教材具有便携性、互动性、趣味性等特点,能够吸引学生的注意力,激发他们的学习动力。在数字化时代,通过大数据分析、人工智能技术等手段,可以对学生的体能、兴趣、学习进度等进行精准分析,为每位学生量身定制个性化的教学计划。这不仅能够激发学生的学习兴趣和积极性,还能够提高教学效果,促进学生的全面发展。

(七)推动体育教学改革与创新

高校体育教学模式的变革是推动高校体育教育教学创新的重要途径。通过引入新的教学理念、方法和手段,可以打破传统教学模式的束缚,促进体育教育的全面改革和发展。同时,变革后的教学模式还能够促进教师与学生的互动和交流,提高教师的专业素养和教学能力,为培养更多优秀的体育人才奠定坚实基础。数字化体育教学是推动体育教学改革与创新的重要手段。通过引入数字化技术,可以创新教学方式,如虚拟仿真教学、在线互动教学等,丰富教学手段和教学资源。这些创新的教学方式方法有助于培养学生的综合素养和创新能力,为未来学习和职业发展奠定基础。

第三节 国内外高校体育教学模式概述

国内外高校体育教学模式在教学目标、教学内容、教学方式、教学评价以及师资队伍与教学资源等方面均存在显著差异。这些差异反映了不同文化背景下对体育教学的不同理解和追求。国内外高校体育教学模式在多个维度、多个方面呈现出明显的差异。国内高校可以借鉴国外高校的成功经验,逐步推进体育教学改革,注重学生的全面发展和个性化需求,提高体育教学的质量和效果。

一、教学理念与目标

国内高校体育教学模式更侧重于体育锻炼和比赛训练,注重培养学生的体育技能和竞技精神。强调体育技能的训练和竞技水平的提升,注重学生在体育竞赛中的表现。旨在通过体育教学增强学生的体质,培养学生坚韧不拔的意志品质和团队协作能力。注重培养学生的体育基础知识和技能,强调体育技能的规范性和准确性。教学目标往往与各类体育竞赛相关联,希望通过体育教学提升学生的竞技水平,为国家和学校争取荣誉。

国外高校体育教学模式更加注重个体的全面发展,强调体育的教育意义。更加注重学生的全面发展和个性化培养,旨在通过体育教学提升学生的身心健康水平。教学目标不仅关注体育技能的掌握,还注重培养学生的团队合作精神、领导能力和创新思维。目标是让学生通过体育活动培养领导力、团队合作能力、自律和坚韧精神等综合素质,并引导学生形成积极的生活方式。国外高校体育教学注重学生的全面发展,强调身心健康和体育素养的培养。旨在通过体育教学让学生掌握基本的运动技能,并形成良好的运动习惯和健康的生活方式。

二、课程设置与内容

国内高校体育教学模式的课程设置相对固定,以传统的体育项目如篮球、足球、乒乓球等为主。课程内容注重技术训练和赛事备战,较少涉及体育心理、运动营养、运动生理等领域。教学方法多采用模仿训练和集体教学,注重体育技能的传授和训练。教学内容与竞赛项目紧密相关,注重技能训练和竞技水平的提高。

国外高校体育教学模式的课程设置丰富多样,包括篮球、足球、排球、棒球等传统项目,以及攀岩、击剑、冲浪等新兴项目。课程内容不仅涵盖技能训练,还包括体育知识的传授和体育文化的传承,如体育管理、运动营养学等选修课程。教学方法更加灵活,采用开放式教学,给予学生自主选择上课内容、时间和教师的权利。

三、教学方式与手段

国内高校体育教学模式以课堂教学为主,注重传授基本技能和技术、战术训练。教学方式相对单一,缺乏足够的实践性和跨学科融合。多采用教师讲解、示范和学生模仿的教学方式。强调课堂纪律和规范性,注重技能训练和竞技水平的提升。在教学过程中,教师占据主导地位,学生被动接受知识和技能。

国外高校体育教学模式采用开放式教学方式,学生可以根据兴趣和需求自主选择上课内容和时间。教学方式多样,包括讲授基本技能、体育心理、运动营养、运动生理等多个领域的内容,通过跨学科融合来提高学生的学习兴趣和学习效果。国外高校体育教学强调学生的主体地位,鼓励学生主动参与体育活动和竞赛。教师在教学过程中扮演引导者和辅导者的角色,注重实践性和跨学科融合,通过多样化的教学手段激发学生的学习兴趣和积极性。

四、教学评价与考核

国内高校体育教学模式采用严格的考试内容和评分标准,包括运动技术、身体素质、理论知识和学习态度等方面。考核结果与学生的学分和毕业资格相关联,注重技能的掌握和竞技水平的提升。

国外高校体育教学模式注重学生的参与度和进步情况,而不是单纯的成绩高低,采用多元化的评价方式。考核结果不仅关注学生的技能水平,还注重学生的身心健康和体育素养的培养。考核内容通常包括课堂考勤、理论知识答卷以及运动技能和身体素质的展示等方面。

五、师资力量与教学资源

国内高校体育教学的师资力量相对稳定,但部分高校存在师资短缺和分布不均的问题。教学资源有限,部分高校体育设施落后或不完善,影响了体育教学的质量和效果。

国外高校体育教学的师资力量雄厚,体育师资队伍相对强大,拥有更多专业的体育教师和教练。教学资源丰富,学校通常拥有完善的体育设施和器材,能够满足不同学生的需求。

六、学生参与度与兴趣

国内高校体育教学的学生参与度受课程设置和教学方式的影响,部分学生对体育课程缺乏兴趣。竞技性强的体育项目可能吸引部分学生,但缺乏足够的多样性和趣味性。

国外高校体育教学模式学生参与度较高,源于课程设置丰富多样,教学方式灵活多样,能够满足不同学生的需求和兴趣。学生可以自主选择上课内容和时间,增加了体育课程的趣味性和吸引力。

第三章 数字化时代高校体育教学概述

随着科技的快速发展和数字化时代的到来,高校体育教学也正在经历一场深刻的变革。数字化技术为体育教学提供了新的工具、方法和思路,使得教学方式更加多元化、高效化和个性化。

第一节　数字化体育教学的概念与特点

一、数字化体育教学的概念

数字化体育教学是一个融合了现代信息技术与传统体育教学的创新教学模式。它主要利用数字技术、网络技术和多媒体技术等现代信息技术手段,对体育教学的各个环节进行数字化改造和升级,以实现体育教学的现代化、智能化和高效化。可以看出,数字化体育教学主要是通过各种信息化的教学资源来实施体育教学,使得整个体育教学过程变得更加智能化和规范化。这些信息化的教学资源包括硬件资源和软件资源两大类。硬件资源如计算机、手机、平板及多媒体投影等多种数字设备;软件资源则包括各种教学管理软件、课程监控 App、教学课件、网络教学资料等。在现代数字化体育教学过程中,利用各种信息资源的便利,将原本枯燥、烦琐、单一、片面的书面体育教学内容,通过动画、视频、音频等方式进行展示,提高了体育教学的效率和效果。具体来说,数字化体育教学包括以下几个方面的内涵。

(一)教学资源数字化

通过制作和整合体育教学视频、动画、图像、音频等多媒体教学资源,以及利用在线课程、教学平台等网络资源,为学生提供丰富、多样、便捷的体育学习材料。

（二）教学过程数字化

利用数字技术实现体育教学的远程授课、在线互动、实时反馈等功能，打破时间和空间的限制，让学生可以随时随地进行体育学习。同时，通过数据分析工具对学生的运动数据进行实时监测和分析，为教师提供精准的教学反馈，帮助教师更好地调整教学策略和进度。

（三）教学评价数字化

借助数字化技术，可以实现对学生体育学习成果的自动化评估和反馈。例如，通过智能设备记录学生的运动数据，生成运动报告，为教师提供客观、准确的评价依据。

（四）教学环境数字化

数字化体育教学还包括利用虚拟现实（VR）、增强现实（AR）等先进技术，构建虚拟的体育教学环境，让学生在沉浸式的体验中学习和掌握体育技能。

（五）教学管理与服务数字化

通过数字化手段，实现体育教学资源的有效管理、教学进度的实时跟踪以及教学质量的持续监控。同时，数字化体育教学还可以提供个性化的学习服务，满足不同学生的学习需求。

数字化体育教学的出现，不仅提高了体育教学的效率和效果，还丰富了体育教学的形式和手段，为体育教学的创新和发展提供了新的动力。同时，它也有助于培养学生的自主学习能力、创新思维和团队协作能力，为学生的全面发展打下坚实的基础。

二、数字化体育教学的特点

数字化体育教学的特点主要体现在以下几个方面。

（一）学生多方位的参与性

数字化体育教学突破了传统体育教学方式，使学生可以通过线上视频教学、动画演示、多媒体课堂教学等多种方式参与学习。这种全方位、多角度的学习方式，有助于加深学生对体育知识的理解和掌握。数字化体育教学强调师生之间的互动以及学生的主动参与。通过网络平台，学生可以观看教学视频、参与在线讨论、提交作业，而教师可以及时给予反馈和指导，形成双向互动的教学模式。

（二）教学过程的智能化和规范化

通过数字化体育教学，教师可以利用先进的教学管理软件和网络资源，对教学过程进行智能化管理和规范化操作。这不仅可以提高教师的教学效率,还可以确保教学过程的公平性和一致性。数字化体育教学充分利用信息技术,包括互联网、大数据、人工智能等,实现体育教学的信息化和智能化。通过智能设备收集学生的运动数据,进行实时分析,为教师提供精准的教学反馈,同时也为学生个性化学习提供支持。

(三)数据记录、分析与反馈的实时性

在数字化体育教学中,学生可以佩戴智能运动设备,如运动手环等,实时记录运动数据。教师可以通过这些数据对学生的运动状态进行即时分析,并给出针对性的反馈和建议。这种实时性的数据记录和分析,有助于教师更好地掌握学生的学习情况,及时调整教学策略。数字化体育教学通过智能设备实时收集学生的运动数据,进行即时评估,为教师提供精准的教学反馈。这种即时性有助于教师及时发现学生的问题,同时也能够激发学生的学习兴趣和积极性。

(四)教学内容的丰富性和多样性

数字化体育教学拥有丰富的在线教学资源,包括视频教程、教学课件、模拟试题等,这些资源不仅数量庞大,而且形式多样,能够满足不同学生的学习需求。数字化体育教学可以充分利用网络资源,将各种形式的体育教学内容进行整合和展示。这不仅可以丰富教学内容,还可以激发学生的学习兴趣和积极性。

(五)灵活性与便捷性

数字化体育教学不受时间和空间的限制,学生可以随时随地进行学习,这种灵活性使得体育教学更加便捷和高效。同时,数字化教学还可以根据学生的实际情况进行个性化的调整,满足学生的个性化需求。

(六)创新性与前瞻性

数字化体育教学是体育教学与现代科技结合的产物,具有创新性和前瞻性。通过引入新技术和新方法,数字化体育教学能够不断推动体育教学的创新和发展,为培养具有创新精神和实践能力的人才提供支持。

(七)教学评价的自主化和精准化

数字化体育教学可以利用先进的技术手段,实现教学评价的自主化和精准化。学生可以通过网络平台进行自我评价和互评,而教师可以通过数据分析对学生的表现进行精准评价。这种评价方式有助于提高学生的自我认知能力和评价能力。

三、数字化体育教学与传统体育教学的区别

数字化体育教学是数字技术与传统体育教学相结合而催生的产物,它与传统体育教学在多个方面存在显著区别。高校数字化体育教学与传统体育教学在教学方式方法、教学资源、教学效果以及教学互动等方面都存在显著的区别。

(一)教学方式方法上的区别

数字化体育教学主要是利用信息技术、互联网技术等手段,以数字科技、数字媒体的形式,同体育课堂教学、体育课后锻炼、体育课余竞训等相结合。该方法更多地利用信息技术和互联网手段,通过录播、直播和锻炼软件打卡等方式进行理论和技术实践训练。数字化体育教学方式多样,借助视频教学、在线互动和数据反馈等手段,能够打破时间和空间的限制,使学生可以在任何时间、任何地点进行学习。数字化体育教学强调学生的自主学习和个性化学习,强调自主学习和探究性学习,鼓励学生通过数据分析和反馈来优化自己的运动技能和体能。通过数据记录、分析、评价和反馈,实现体育与健康知识、技能和方法学习全过程从掌握到提高的可视化。教师在线上提供技术指导和练习任务,学生可以自主安排学习时间和进度,具有更高的自主性和灵活性。数字化体育教学也更加注重个性化教学,利用智能设备和软件应用,为学生提供量身定制的教学计划。

传统体育教学主要依赖于面对面的教学方式,教师进行技术讲解和动作示范,学生进行模仿和练习,学生在运动场或教室里与教师进行直接的互动和学习。这种教学方式强调教师的主导地位,但师生互动较少,学生的主体意识较为淡薄。此外,传统体育教学方式和方法相对固定,包括指导法、练习法和游戏法等,教师根据学生的学习情况进行分组分层教学。该方法注重实践和面对面的指导,强调教师的直接干预和纠正。学生的学习过程较为被动,缺乏自主性和个性化。

(二)教学资源上的区别

数字化体育教学拥有丰富的学习资源,通过数字教学平台和在线学习资源,学生可以获得更为多样化和全面化的学习内容,包括在线视频、教学课件、互动平台等。通过数字教学平台和在线学习资源,学生能够获取更多的信息和示范视频,有助于理解和掌握体育知识和技能。智能设备和软件应用可以记录和分析学生的运动数据,帮助教师实时监测学生的运动状态和成绩表现,智能设备的应用为学生的运动监测和数据分析提供了更准确的工具,帮助他们更科学地进行训练和调整。

传统体育教学资源相对有限,主要依赖于教师的个人经验和教材。学生获取信息和示范的途径较为单一,学生的学习成果难以量化和评估。教师难以全面掌握每位学生的学习情况,难以获得全面化和多样化的学习内容。缺乏科学的运动监测和数据分析工具,训练和调整的精准度较低。

(三)教学效果上的区别

数字化体育教学通过数据记录和反馈,能够实时监测学生的运动状态和成绩表现,有助于教师更准确地评估学生的进步和不足。学习效果可以通过数据记录和反馈进行即时评估,有助于学生了解自己的学习情况并进行调整。学生可以根据自己的学习情况和学习数据进行针对性的调整和优化,提高学习效果和运动技能。数字化教学能够激发学生的学习兴趣和积极性,提高他们的参与度和自主学习能力。但由于缺少面对面的交流和实际训练,可能在一定程度上影响学生的运动技能掌握和体能提升。

传统体育教学的学习效果可以通过教师的直接观察和反馈进行即时评估,有助于教师快速掌握学生的学习情况并进行调整。但是教师主要依靠观察和经验来评估学生的学习情况,难以进行精准的量化和评估。此外,传统体育教学强调实际训练和面对面的指导,能够使学生在实践中掌握运动技能和提升体能,但受时间和空间的限制,可能无法满足所有学生的学习需求,且学生的学习效果和运动技能提升受限于教师的个人经验和教学水平,教学方式相对单一,难以激发学生的学习兴趣和积极性。

(四)教学优势上的区别

数字化体育教学提高了教学的趣味性和互动性,能够激发学生的学习兴趣和积极性。它提供了个性化的学习路径和反馈机制,有助于满足不同学生的学习需求。通过数据记录和反馈,能够帮助学生更好地了解自己的学习情况并进行针对性的调整。通过在线互动平台和数据反馈机制,学生可以与教师和其他学生进行实时的交流和合作。学生可以分享自己的学习经验和心得,互相学习和借鉴,形成良好的学习氛围。教师可以通过数据分析和反馈来指导学生进行个性化的训练和调整。

传统体育教学强调实践和面对面的指导,能够使学生在实践中掌握运动技能和提升体能。培养了学生的集体主义观念和勇敢拼搏的意志品质,这种思想教育仍然是现代教育的重要内容。通过实际训练和比赛,能够增强学生的团队协作能力和竞争意识。但是,传统体育教学互动主要依赖于面对面的交流和指导,学生之间的互动和合作相对较少,缺乏交流和分享的机会,教师难以对每个学生进行个性化的指导和调整。

(五)教学安全性上的区别

在数字化体育教学中,通过实时监控和数据分析,教师可以实时了解学生的身体状况,对于超出身体负荷或达到运动风险临界值的情况,教师可以及时干预,减少运动事故的发生。

在体育课堂上,传统体育教学由于缺乏实时监控和数据反馈,教师难以全面掌握学生的身体状况,运动风险较高。

(六)未来发展趋势

随着技术的不断进步和应用,数字化体育教学将越来越普及和成熟。未来可能会更加注重个性化学习和智能化教学,以满足不同学生的学习需求。数字化体育教学可能会与更多的学科进行融合,形成跨学科的教学模式。

尽管数字化体育教学具有诸多优势,但传统体育教学仍然具有不可替代的价值。未来传统体育教学可能会更加注重与数字化体育教学的融合和互补,共同推动体育教育的发展。传统体育教学可能会更加注重学生的全面发展和个性化培养,以适应未来社会的需求。

第二节　数字化体育教学的理论基础

数字化体育教学的理论基础涉及多个学科和领域,主要包括教育学理论、心理学理论、体育学理论、信息技术理论等,以下是对其理论基础的详细阐述。

一、教育学理论

(一)教育技术理论

教育技术理论为数字化体育教学提供了坚实的支持和指导。教育技术学是研究在教育过程中运用各种技术、媒体和资源,以促进学习和提高教学效果的学科。该理论强调了技术在教育领域的积极作用,认为技术可以成为教育改革的有力工具。数字化体育教学正是借助现代信息技术(如互联网技术、物联网等),将传统体育教学与数字技术相结合,从而创新教学方式,提高教学效果。教育技术理论还强调了技术的可访问性和可用性,通过在线课程、教育应用程序等数字工具,学生可以更轻松地获取教育资源,不受时间和地点的限制,这为学生提供了更多的学习机会。

(二)建构主义理论

建构主义理论强调以学生为中心,认为学习是一个主动建构知识的过程。在数字化体育教学中,学生可以通过自主探索、合作学习和在线互动等方式,主动建构自己的体育知识和技能体系。学生通过积极参与和建构知识来学习。数字化体育教学为学生提供了个性化的学习路径和资源,使学生能够按照自己的学习节奏和需求来学习。通过数字化手段,学生可以更直观地理解体育知识和技能,并通过互动和反馈来不断完善自己的知识体系。这种以学生为中心的教学方式有助于激发学生的学习兴趣和动力,提高他们的学习效果。

二、心理学理论

(一)社会认知理论

认知心理学研究人的认知过程,包括感知、记忆、思维、想象等。数字化体育教学可以利用认知心理学的原理,设计符合学生认知规律的教学内容和教学方法,帮助学生更好地理解和掌握体育知识和技能。社会认知理论强调了学习在社交互动中的重要性。数字化体育教学为学生提供了更多合作和互动的机会。通过在线讨论、虚拟团队项目等方式,学生可以与同学和教师进行更多的互动,分享经验、观点和反馈。这种社交互动不仅有助于学生共同构建知识,还培养了他们的团队合作和沟通能力。在数字化体育教学中,学生可以通过虚拟现实技术模拟真实的运动场景,与虚拟队友进行配合和竞争,从而锻炼他们的社交技能和团队协作能力。

(二)动机理论

动机理论关注个体行为的内在驱动力。在数字化体育教学中,教师可以通过设置明确的学习目标、提供及时的反馈和奖励等方式,激发学生的学习动机,提高他们的学习积极性和参与度。

三、体育学理论

(一)运动训练学

运动训练学是研究运动训练过程、方法和规律的学科。数字化体育教学可以利用运动训练学的原理和方法,设计科学的训练计划和教学方法,帮助学生提高运动技能和体能水平。

(二)体育教育学

体育教育学是研究体育教育过程、方法和规律的学科。数字化体育教学作为体育教育的一种新型方式,需要遵循体育教育学的原理和方法,注重学生的全面发展、个性化和差异化教学等方面。

四、信息技术理论

(一)数字体育学理论

数字体育学是数字技术学科与体育学科交叉融合而生成的新型学科形态。它拥有独特的研究对象和研究范畴,主要关注数字技术在体育领域的应用和发展。数字体育学理论为高校数字化体育教学提供了理论支撑和指导。通过数字体育学的研究,我们可以更深入地了解数字技术在体育教学中的应用效果、优势和挑战,从而为数字化体育教学的实践提供科学依据和理论支持。信息技术在教育领域的应用已经越来越广泛,包括在线教育平台、虚拟现实技术、大数据分析等。数字化体育教学正是信息技术在体育领域的应用实践之一,它利用信息技术的优势来创新教学方式和方法,提高体育教学的效果和质量。

(二)数字媒体与信息传播

数字媒体和信息传播技术的发展为数字化体育教学提供了丰富的资源和手段。通过数字媒体平台,教师可以发布教学视频、在线测试等教学资源,学生可以随时随地访问这些资源进行学习。同时,数字媒体和信息传播技术还可以促进师生之间的交流和互动,提高教学效果。

第三节　教育数字化战略与教育现代化的关系

教育数字化战略与教育现代化之间存在着紧密而深刻的关系。教育现代化是现代化教育意识、现代化教育行动与现代化教育设施的有机整体,是一个动态发展的实践命题,旨在通过教育观念、教育目标、教育体制、教育内容、教学方法、教育评价手段等方面的现代化,推动教育质量的全面提升。而教育数字化战略则是实现教育现代化的重要途径和关键手段。

一、教育数字化战略是教育现代化的重要推动力

(一)技术创新与融合

教育数字化战略依赖于人工智能、区块链、云计算和大数据等新一代信息技术的深度融合。这些技术推动了教育形态、教育模式和教育内涵的重建与变革,有助于构建网络化、数字化、个性化、终身化的教育体系。

(二)资源优化配置

数字化教育打破了传统教育的时空限制,使得优质教育资源得以跨越地域限制进行共享。通过在线平台,学生可以接触到来自世界各地的优质教育资源和教学内容,促进了教育资源的优化配置。

(三)提高教育效率和质量

教育数字化通过应用数字技术,如互联网、大数据、云计算等,改进和创新传统教育方式和教学方法,实现教育过程的数字化、网络化、智能化。这有助于提升教育资源的利用效率,优化教学流程,提高教学效果和学习体验,从而推动教育质量的全面提升。

(四)促进教育公平

教育数字化战略有助于打破地域、时间、空间等限制,使优质教育资源得以广泛传播和共享。通过在线学习平台、远程教育等方式,偏远地区的学生也能享受到优质的教育资源,从而缩小教育差距,促进教育公平。

(五)推动教育创新

教育数字化为教育创新提供了广阔的空间和无限的可能。通过数字技术,教师可以尝试新的教学模式和方法,如翻转课堂、混合式学习等,激发学生的学习兴趣和创造力,培养学生的自主学习能力和创新能力。

(六)构建智慧教育生态

教育数字化战略的实施,将推动教育全要素、全流程、全业务和全领域的数字化转型,形成智慧教育生态。在这个生态中,各种教育资源、教学工具、学习平台等将实现互联互通、共享共治,为教育现代化提供强有力的支撑。

二、教育数字化战略是推动教育现代化的重要手段

教育现代化是一个国家教育发展的较高水平状态,它涉及教育观念、内容、方法、手

段以及教育装备、师资队伍、教育管理的现代化。在这个过程中,数字技术作为现代科学技术的重要组成部分,发挥着至关重要的作用。教育数字化战略正是利用数字技术、互联网和在线平台,改变传统教学模式,成为推动教育现代化的重要手段。

三、教育数字化战略能够加速教育现代化的进程

通过数字化教育,可以实现自主学习、跨时空学习、多样化资源和实时反馈等目标,这些特点使得学习变得更加灵活、自主和个性化,从而满足了现代社会对人才的需求。同时,数字化教育还可以促进学科融合和创新思维,培养具有批判性思考、协作沟通、问题解决等能力的人才,这些都是教育现代化的重要目标。

四、教育数字化战略也是教育现代化的重要支撑

在教育现代化的过程中,需要不断更新教育观念、内容和手段,而数字化教育正是实现这一目标的有效途径。通过数字化教育,可以打破传统教育的时空限制,实现优质教育资源的共享和普及,从而推动教育公平和教育质量的提升。

五、教育现代化为教育数字化战略提供方向和目标

教育现代化为教育数字化战略提供方向和目标,主要表现在以下几个方面。

(一)教育观念的更新

教育现代化要求更新教育观念,从传统的应试教育向素质教育转变。这种转变促使教育者更加注重学生的全面发展,为教育数字化战略提供了更加明确的方向。

(二)教育体系的完善

教育现代化要求构建完善的教育体系,包括基础教育、高等教育、职业教育等多个层次。教育数字化战略需要与教育体系相契合,推动各层次教育的数字化发展。

(三)教育治理能力的提升

教育现代化要求提升教育治理能力,包括教育政策的制定、执行和评估等方面。教育数字化战略需要与教育治理能力相结合,通过技术手段提高教育管理的效率和水平。

六、教育现代化对教育数字化战略的要求

教育现代化对教育数字化战略的要求主要表现在以下几个方面。

(一)明确教育目标

教育现代化要求教育数字化战略必须明确教育目标,即培养具有创新精神和实践能力的高素质人才。这要求教育数字化战略在规划和实施过程中,始终围绕这一目标展开,确保数字化技术的应用能够真正服务于教育质量的提升和人才的培养。

(二)加强基础设施建设

教育现代化需要完善的教育基础设施作为支撑。因此,教育数字化战略必须注重加强信息基础设施和智慧校园建设,为数字化教育的实施提供有力的硬件保障。

(三)提升师生数字素养

教育现代化要求师生具备较高的数字素养,能够熟练运用数字技术进行教学和学习。因此,教育数字化战略必须注重提升师生的数字素养,通过培训、实践等方式,帮助他们掌握数字技术的应用能力。

(四)完善评价体系

教育现代化需要建立科学的评价体系来评估教育质量和效果。因此,教育数字化战略必须注重完善评价体系,通过数据分析、评估反馈等方式,对教育过程和学习效果进行全面、客观的评价,为教育质量的持续提升提供有力支持。

从实践角度看,许多地区已经成功地将教育数字化战略融入教育现代化的进程中。例如,一些地区通过加强信息基础设施和智慧校园建设,推动互联网+教育的发展,实现了教育资源的优化配置和共享。这些实践不仅提高了教育的质量和效率,也推动了教育现代化的进程。

第四章 高校数字化体育教学资源与技术

高校数字化体育教学资源与技术对提升体育教学的质量、效率和趣味性具有重要作用。随着技术的不断发展和应用的不断深化，高校数字化体育教学将迎来更加广阔的发展前景。

第一节 高校数字化体育教学资源的分类与获取

高校数字化体育教学资源是现代体育教学的重要组成部分，它们能够丰富教学内容，提升教学效果，激发学生的学习兴趣。下面对数字化体育教学资源的分类与获取进行分析。

一、高校数字化体育教学资源的分类

高校数字化体育教学资源按照不同的标准可以划分为多种类型。根据《教育资源建设技术规范》和高校体育课程的特点，常见的分类方式如下。

（一）媒体素材

1. 文本类

数字化体育教学文本类素材是数字化体育教学的重要组成部分，它们以文字形式呈现，旨在帮助学生更好地理解和学习体育知识、技能和战术。如教学设计、教案、教学日志等，它们以文字形式记录教学思想和过程。数字化体育教学文本类素材涵盖体育理论知识、运动技能与战术、体育规则与裁判法、体育健康与安全以及数字化体育教学案例与反思等多个方面。这些素材的丰富性和多样性为学生提供了全面的学习资源和指导，有助于提高学生的体育素养和综合能力。

2. 图片类

图片素材是高校体育数字化教学中不可或缺的一部分,如教学示意图、体育动作分解图、运动场景照片等,它们以直观的方式展示体育动作和技巧。这些图片素材主要包括运动动作示意图和体育赛事图片。运动动作示意图是展示各种运动动作的示意图,如田径项目的起跑姿势、游泳项目的划水动作等。这些示意图可以帮助学生直观地了解运动动作的要领和技巧。体育赛事图片是展示国内外重要体育赛事的图片资源,如运动员比赛时的照片、颁奖仪式等。这些图片可以帮助学生了解体育赛事的氛围和运动员的精神风貌。

3. 音频类

音频素材在高校体育数字化教学中也发挥着重要作用,如跑操音乐、广播操音乐、体育解说音频等,它们能够增强学生的节奏感和运动氛围。这些音频素材主要分为教练讲解音频和背景音乐及音效。教练讲解音频主要是指专业教练对体育技能和动作的详细讲解音频,可以帮助学生更好地理解和学习体育知识。背景音乐和音效主要是指在体育教学视频或课件中添加背景音乐和音效,可以增强教学氛围和学生的学习兴趣。

4. 视频类

视频素材是高校体育数字化教学中最常见且重要的媒体素材之一。这些视频素材主要包括专业技能教学视频、赛事录像和直播以及训练场景模拟视频。专业技能教学视频主要是展示各种体育项目的专业技能和动作,如篮球的投篮技巧、足球的传球技巧等。这些视频通常由专业教练或运动员录制,具有较高的教学价值。赛事录像和直播是提供国内外重要体育赛事的录像和直播资源,如奥运会、世界杯等。这些资源可以帮助学生了解体育赛事的规则、战术和运动员的表现,激发他们对体育的兴趣和热情。训练场景模拟视频是利用虚拟现实(VR)或增强现实(AR)技术制作的训练场景模拟视频,可以让学生在虚拟环境中进行体育训练,提高他们的运动技能和反应能力。

5. 动画类

动画素材在高校体育数字化教学中也具有一定的应用价值。这些动画素材可以包括运动原理动画和技能演示动画。运动原理动画是通过动画形式展示运动原理和生物力学原理,如肌肉的工作原理、关节的运动方式等。这些动画可以帮助学生更好地理解运动原理,提高他们的运动技能。技能演示动画是利用动画技术制作的技能演示动画,可以展示各种体育项目的技能和动作,如体操的翻滚动作、武术的招式等。这些动画可以帮助学生更加直观地了解技能要领和技巧。

(二)课件与网络课件

1.课件

体育教学课件是指为了促进体育教学效果而设计的具有动态效果、图文并茂以及丰富多样内容的电子教学资料。它通常分为直观型知识展示性课件和动态型数据分析性课件两类。直观型知识展示性课件的特点是化乏味为趣味,图文并茂,声像俱佳。此类课件适合于体育理论、健康知识内容教学,素材易找,制作难度较低。动态型数据分析性课件的特点是化抽象为形象,数据仿真,动作实控。此类课件适合于技术分析教学,资料难找,制作难度较大。

2.网络课件

体育教学网络课件是指利用网络技术,将体育教学的内容、方法和手段进行数字化、网络化和多媒体化的处理,形成的一种新型的教学资源。它具有内容丰富多样、交互性强、时空灵活、资源共享等特点和优势。体育教学网络课件可以包含文字、图片、视频、音频等多种媒体元素,使得教学内容更加生动、形象、直观。通过网络技术,可以实现教师与学生之间的实时互动,如在线提问、讨论、反馈等,增强了教学的互动性和参与性。体育教学网络课件不受时间和空间的限制,学生可以随时随地进行学习,提高了学习的灵活性和便捷性。体育教学网络课件可以方便地实现资源共享,使得优质的教学资源能够更广泛地传播和利用。

(三)网络课程

高校体育教学网络课程是随着信息技术和网络技术的快速发展,在高校体育教学中逐渐兴起的一种新型教学模式。它融合了网络技术、多媒体技术和体育教学资源,为大学生提供了一种全新的学习方式和体验。这种课程具有交互性、共享性、开放性、协作性以及自主性等基本特征,使得学习者可以在更多的时间里进行学习,并获得指导。网络课程是通过网络平台提供的具有完整教学结构和内容的在线课程。它们通常包括视频讲解、在线测试、学习论坛等模块。高校体育教学网络课程的内容丰富多样,通常涵盖体育理论知识、运动技能教学、个性化运动处方等多个方面。在形式上,这些课程可能通过多媒体课件、教学动画、语音说明、模拟考核等多种形式来呈现。同时,学习者还可以通过网络平台与教师、同学进行实时互动,分享学习心得,提出疑问并得到解答。

(四)数字图书与教材

高校数字化体育教学的数字图书与教材是随着数字化时代发展而兴起的新型教学资源,它们对于提升体育教学质量、丰富教学内容、满足学生多样化学习需求具有重要意义。数字图书是以数字形式存储和传播的图书资源,包括电子书、在线阅读平台等。数字化教材是利用数字技术将传统纸质教材转化为数字形式,或专门设计用于数字教学的教材。它们具有交互性强、易于更新和个性化学习等特点。数字图书与教材通常包含丰富的多媒体元素,如视频、音频、动画等,可以与学生进行实时互动。数字资源更新迅速,能够紧跟时代步伐,及时反映最新的体育教学理念和方法。通过数据分析,数字图书与教材可以为学生提供个性化的学习路径和推荐,满足学生的不同需求。

(五)学习网站

高校数字化体育教学学习网站资源为体育教学和学习提供了丰富的在线资源和工具,是提升体育教学质量、推动教育现代化的重要工具。学习网站是提供体育教学资源和学习服务的在线平台,它们通常包括教学资源库、在线学习社区、学习工具等功能模块。高校数字化体育教学学习网站资源涵盖了体育课程与学习资源、体育教学管理与服务平台、体育数据分析与健康监测资源以及体育交流与合作平台等多个方面。这些资源有助于提升体育教学的质量和效果,促进学生的全面发展和健康成长。这些高校数字化体育教学学习网站各具特色,涵盖了体育教学的多个方面和层次。学生可以根据自己的需求和兴趣选择合适的平台进行学习和提升。同时,这些平台也为教师提供了丰富的教学资源和工具,有助于提升教学质量和效果。

二、高校数字化体育教学资源的获取

高校数字化体育教学资源的获取途径多种多样,主要有以下几种。

(一)学校内部资源

1.在线课程与教学资源库

一方面,很多高校都建立了自己的在线课程与教学资源库,其中包含了丰富的体育数字化教学资源。这些资源通常包括教学视频、课件、教案等,供教师和学生下载和使用。高校通常会根据自己的教学特色和需求,自建一批在线体育课程。这些课程涵盖了体育理论、运动技能、健康知识等多个方面,通过视频、音频、图文等多种形式呈现,便于学生自主学习和复习。另一方面,高校会建立自己的教学资源库,其中包含了大量的体育教学课件、教案、试题等资源。这些资源经过精心设计和制作,能够满足不同教学场景和需求,为教师提供丰富的教学素材。学校可以充分利用已有的教学资源库,包括图书馆、体育系资料室等,获取相关的数字化体育教学资源。

2.图书馆与资料室

高校的图书馆和资料室也收藏了大量的体育数字化教学资源,如电子书、期刊、数据库等。学生可以通过图书馆系统查询并借阅这些资源,以满足学习和研究的需求。

(二)网络平台

教师可以访问各大在线教育平台,搜索并获取与体育教学相关的数字化资源。

1. 数智体育平台

部分高校已经引入了数智体育平台,这些平台集成了课程管理、教学互动、数据分析等功能。教师可以通过平台发布课程信息、布置作业、组织考试等;学生可以通过平台查看课程进度、提交作业、参与讨论等。

2. 虚拟仿真实验室

一些高校还建立了虚拟仿真实验室,利用虚拟现实(VR)、增强现实(AR)等技术模拟真实的运动场景和器材。学生可以在这些实验室中进行虚拟训练、模拟比赛等,提高运动技能和竞技水平。

(三)商业购买

学校可以购买专业化的网络教学资源,这些资源通常质量较高,且经过专业团队的审核和制作。学校还可以与商业网络公司或专业团队合作,共同开发适合本校特色的数字化体育教学资源。

(四)自主开发

学校可以组织体育教师团队,结合学校自身办学特色和学生需求,制作针对性的体育教学资源。自主开发的教学资源可以体现校本课程资源优势,提升学校的教学质量和竞争力。学校还可以鼓励体育教师自行制作和开发教学课件和网络课程,以丰富教学资源库。高校体育教师通常会根据自己的教学经验和学生的需求,自制一些个性化的教学材料。这些材料可能包括教学视频、PPT、教案等,旨在帮助学生更好地理解和掌握体育知识和技能。此外,教师还会利用一些互动教学工具,如在线问卷、投票系统等,来收集学生的反馈和意见。这些工具可以帮助教师更好地了解学生的学习情况和需求,从而调整教学策略和方法。

第二节　高校数字化体育教学平台的构建功能

高校数字化体育教学平台的构建及其功能对于提升体育教学效率、优化资源配置、促进师生交流具有重要意义。

一、高校数字化体育教学平台的构建

高校数字化体育教学平台的构建是一个复杂而系统的过程,涉及平台架构设计、功能模块划分、数据处理与存储等多个方面。

(一)平台架构设计

高校数字化体育教学平台的平台架构设计是确保平台稳定运行、高效处理数据、满足用户需求的关键。架构设计应当遵循高效性、稳定性、可扩展性和安全性的原则。高效性要求平台架构设计应确保数据处理的高效性,以满足用户对实时数据的需求。稳定性要求平台应具备高度的稳定性,避免因故障而影响用户的正常使用。可扩展性要求随着业务的发展,平台应能够方便地扩展功能,以适应未来需求的变化。安全性要求平台架构设计应充分考虑数据安全和用户隐私保护,确保用户信息的安全性和隐私性。架构设计分为前端展示层、业务逻辑层和数据存储层等三个层次。前端展示层主要是负责与用户进行交互,提供友好的用户界面和体验。其应设计简洁明了,方便用户快速上手和使用,并且支持多种设备和浏览器,确保跨平台兼容性。业务逻辑层是处理平台的核心业务逻辑,包括课程管理、活动预约、成绩管理等功能模块的实现。业务逻辑层应确保数据的准确性和一致性,同时提供高效的数据处理能力。支持复杂的业务规则和流程,满足多样化的用户需求。数据存储层是负责存储平台所需的各种数据,包括用户信息、课程信息、活动信息、成绩信息等。数据存储层应采用可靠的数据存储技术,确保数据的安全性和可靠性。提供高效的数据访问和查询性能,满足用户对数据的实时需求。

(二)功能模块划分

高校数字化体育教学平台的功能模块划分是确保平台能够满足师生多样化需求、提高体育教学效率和效果的关键。

1.核心功能模块

(1)课程管理模块。该模块的功能主要是实现对所有体育课程信息的统一管理,包括课程列表、课程内容、课程时间等。可以分为课程列表模块、修改学生课程、考勤配置模块等子模块。其主要应用在教师可以方便地管理自己的课程信息方面,包括添加、修改和删除课程;学生可以查看课程信息,选择自己感兴趣的课程,并查看课程安排。

(2)活动预约模块。该模块的主要功能是提供体育活动预约功能,学生可以预约参加各种体育活动,如篮球、足球、羽毛球等。可以分为活动列表模块、预约管理模块等子模块。其主要应用在学生可以查看当前可用的体育活动列表方面,选择自己感兴趣的活动并预约参加;管理员可以管理活动信息,包括活动的添加、修改和删除。

(3)成绩管理模块。该模块的主要功能是实现对学生体育成绩的管理和查询,包括成绩录入、成绩修改、成绩查询等。可以分为成绩录入模块、成绩修改模块、成绩查询模块等子模块。其主要应用在教师可以录入和修改学生的体育成绩方面,学生可以查询自己的成绩和成绩明细。

(4)资源管理模块。该模块的主要功能是提供体育教学资源的上传、下载和管理功能,包括教学视频、教学课件等。可以分为资源上传模块、资源下载模块、资源管理模块等子模块。其主要应用在教师可以上传自己的教学资源方面,供学生下载和学习;学生可以下载所需的教学资源,进行自主学习。

2. 辅助功能模块

(1)选课管理模块。该模块的主要功能是提供选课功能,学生可以查看课程信息,选择自己感兴趣的课程进行选课。其主要应用在选课期间,学生可以登录平台,查看课程信息,选择自己感兴趣的课程进行选课。

(2)教师评价模块。该模块的主要功能是提供学生对教师教学工作的评价功能,包括评价打分、评价留言等。其主要应用在课程结束后,学生可以对教师的教学工作进行评价,为教学质量的提升提供参考。

(3)竞赛管理模块。该模块的主要功能是提供体育赛事的报名、查询等服务,包括赛事信息、报名信息、比赛结果等。其主要应用在学生可以查看当前可用的体育赛事信息,进行报名参赛;管理员可以管理赛事信息,包括赛事的添加、修改和删除。

(4)体质测试管理模块。该模块的主要功能是提供学生体质测试数据的录入、查询和管理服务,包括测试项目、测试结果等。其主要应用在体质测试期间,管理员可以录入学生的测试数据,学生可以查询自己的测试结果和测试建议。

(5)系统设置模块。该模块的主要功能是提供对平台的基础设置功能,包括用户管理、权限管理、系统日志等。其主要应用在管理员可以对平台的用户进行管理,包括用户的添加、删除和权限设置;可以查看系统日志,了解平台的运行情况。

3. 特色功能模块

(1)乐跑管理模块(课外健身跑管理)。该模块的主要功能是记录学生的课外健身跑数据,包括跑步时间、跑步距离等,并纳入课程评价体系。其主要应用在学生可以通过手机 App 记录自己的课外健身跑数据,并上传至平台;教师可以查看学生的跑步数据,进行评价和打分。

(2)运动处方推送模块。该模块的主要功能是根据学生的体质测试数据和运动习惯,推送个性化的运动处方。其主要应用在体质测试后,系统会根据学生的测试结果推送个性化的运动处方,引导学生进行科学锻炼。

(三)数据处理与存储

1.建立完善的数据处理机制

高校数字化体育教学平台在构建过程中,建立完善的数据处理机制是至关重要的。

(1)数据处理机制的构成,主要包括数据采集、数据整合与清洗、数据分析与挖掘、数据可视化和数据存储与管理。数据采集是借助传感器、智能穿戴设备、物联网技术等,实时采集学生在体育活动中的各类数据,如运动时长、运动强度、心率变化等。同时,收集学生的个人信息、体能测试结果、健康档案等,形成全面的学生体育数据库。数据整合与清洗是对采集到的数据进行整合,消除数据冗余和错误,确保数据的准确性和一致性。运用算法和技术手段,将不同来源、不同格式的数据进行标准化处理,以便后续的分析和应用。数据分析与挖掘是借助大数据分析工具,对整合后的数据进行深度挖掘和分析,发现数据中的规律和趋势。通过对比、关联、聚类等分析方法,发现学生在体育学习中的问题和不足,以及每个学生的个体差异和特长。数据可视化是将分析结果以图表、报告等形式直观地展示给教师和学生,使他们能够清晰地了解自己的运动表现和进步情况。通过数据可视化技术,提高数据的可读性和易用性,促进数据的理解和应用。数据存储与管理是建立高效的数据存储机制,确保数据的长期保存和可用性。制定数据管理制度,明确数据的收集、使用、共享和销毁等流程,保障数据的合规性和安全性。

(2)数据处理机制的具体措施,主要包括制定数据管理制度、加强数据安全管理、促进数据共享与流通、加强数据人才培养、建立数据审计机制。制定数据管理制度是明确数据的来源、处理、存储、使用和共享等方面的规定,确保数据处理的规范化和标准化。加强数据安全管理是建立完善的数据安全保障体系,包括数据加密、访问控制、数据备份和恢复等措施。定期对数据进行安全检查和评估,及时发现并修复安全漏洞和隐患。促进数据共享与流通是在保障数据安全的前提下,推动数据在不同部门、机构和企业之间的共享和流通。建立统一的数据标准和共享机制,打破数据孤岛,提升数据利用效率。加强数据人才培养是培养专业的数据处理和分析人才,提高数据处理和分析的能力。定期组织数据培训和交流活动,提升教师和学生的数据素养和应用能力。建立数据审计机制是定期对数据处理过程进行审计和评估,确保数据处理机制的合规性和有效性。及时发现并纠正数据处理过程中存在的问题和不足,推动数据处理机制的持续改进和优化。

2.采用加密存储和传输措施

在高校数字化体育教学平台的构建中,采用加密存储和传输措施是确保数据安全性的重要手段。

（1）加密存储措施，包括数据加密技术、数据库加密和密钥管理。数据加密技术是采用先进的加密算法对存储的数据进行加密处理，如对称加密算法或非对称加密算法。这些算法能够确保数据在存储过程中不被未经授权的人员访问或篡改。对于敏感数据（如学生个人信息、运动健康数据等），应采用更高级别的加密算法进行保护，以确保其安全性。

（2）数据库加密。对数据库中的敏感数据进行加密存储，包括学生姓名、学号、成绩、运动记录等。使用数据库自带的加密功能或第三方加密工具，确保数据在数据库中的存储安全性。密钥管理是建立完善的密钥管理机制，确保密钥的生成、存储、分发和使用过程的安全性。密钥应定期更换，以防止因密钥泄露而导致的数据安全风险。

（3）加密传输措施，包括传输协议、数据封装和身份验证与访问控制。传输协议是采用安全的传输协议进行数据传输，如 HTTPS、SSL/TLS 等。这些协议能够对传输的数据进行加密处理，防止数据在传输过程中被窃取或篡改。确保平台与客户端之间的通信都通过安全的传输协议进行，以保障数据传输的安全性。数据封装是在数据传输前，对数据进行封装处理，确保数据在传输过程中的完整性和安全性。使用数据封装技术，如数据打包、压缩、加密等，提高数据传输的效率和安全性。身份验证与访问控制是建立严格的身份验证机制，确保只有授权的用户才能访问平台的数据。使用多因素身份验证技术（如指纹、面部识别等），提高身份验证的准确性和安全性。对用户的访问权限进行严格控制，确保用户只能访问其权限范围内的数据。

3. 提供数据备份和恢复功能

在高校数字化体育教学平台的构建中，提供数据备份和恢复功能是确保数据安全性和可靠性的重要环节。

（1）数据备份功能，包括备份策略制定、自动化备份机制、备份数据存储和备份数据验证。备份策略制定是根据数据的重要性和更新频率，制定详细的备份策略。这包括确定备份的频率（如每日、每周或每月）、备份的类型（如完全备份、增量备份或差异备份）以及备份存储的位置（如本地服务器、远程服务器或云存储服务）。自动化备份机制能够确保数据按照预定的策略进行定期备份。这可以通过设置定时任务或使用备份软件来实现，以减少人工操作的复杂性和错误率。备份数据存储是将备份数据存储到可靠的存储介质中，如磁盘阵列、网络存储设备或云存储服务。确保备份数据的安全性和可访问性，同时考虑冗余和故障恢复能力。备份数据验证是定期对备份数据进行验证，确保备份数据的完整性和可用性。这可以通过恢复部分备份数据并进行测试来实现，以确保在需要时能够成功恢复数据。

（2）数据恢复功能，包括恢复策略制定、快速恢复机制、数据恢复测试、用户培训与支持。恢复策略制定是根据备份策略和备份存储位置,制定详细的数据恢复策略。这包括确定恢复的范围(如单个文件、整个数据库或整个系统)、恢复的方法和步骤以及恢复所需的时间和资源。快速恢复机制能够确保在数据丢失或损坏时迅速恢复数据。这可以通过使用高效的恢复工具、优化恢复流程以及提供必要的恢复支持来实现。数据恢复测试需定期进行,以验证恢复策略的可行性和有效性。这可以通过模拟数据丢失或损坏的场景,并尝试使用备份数据进行恢复来实现。通过测试,可以发现并修复恢复策略中的问题,提高数据恢复的可靠性和成功率。用户培训与支持指对平台的用户进行数据备份和恢复功能的培训和支持。这包括提供用户手册、在线教程或培训课程等,以帮助用户了解如何正确使用备份和恢复功能,并在需要时能够自行进行数据恢复。

二、高校数字化体育教学平台的功能

(一)提升体育课程管理效率

高校数字化体育教学平台在提升体育课程管理效率方面发挥着重要作用。

1. 课程规划与管理

(1)课程安排与优化。数字化平台可以集中管理所有体育课程,包括课程名称、时间、地点、教师信息等。管理员或教师可以通过平台轻松调整课程安排,以应对临时变动或优化课程安排。

(2)教学资源整合。平台可以整合各类体育教学资源,如视频教程、PPT、教案等,供教师备课和学生预习。通过数字化手段,这些资源可以方便地分享、更新和搜索,提高资源利用效率。

2. 学生管理与选课

(1)学生信息管理。平台可以存储和管理学生的基本信息,如姓名、学号、班级等。教师可以快速查看学生的个人信息,以更好地了解学生的学习背景和需求。

(2)选课系统。学生通过平台可方便查看可选课程、课程描述和教师信息。选课系统可以自动处理选课请求,避免手动操作的烦琐和错误。

3. 成绩与表现评估

(1)成绩管理。教师可以通过平台录入和更新学生的成绩信息。平台可以自动生成成绩报告,供学生和教师查看和分析。

(2)表现评估。平台可以记录学生的课堂表现、出勤情况、参与度等。这些数据可以用于评估学生的学习态度和效果,为教师提供有针对性的教学建议。

4. 沟通与协作

（1）在线交流平台。平台可以提供在线讨论区，允许学生和教师就体育相关话题进行交流。通过实时互动，教师可以解答学生的疑问，学生可以分享学习心得和经验。

（2）协同办公。教师之间可以通过平台共享教学资源、交流经验和合作开展项目。这种协同办公方式有助于提高工作效率，促进教师之间的互相学习和成长。

5. 数据分析与决策支持

（1）数据分析。平台可以收集和分析学生的学习数据、课程评价等。通过数据分析，学校可以了解体育教学的整体情况，发现潜在问题和改进方向。

（2）决策支持。基于数据分析结果，学校可以制定更加科学的体育课程计划和教学策略。这些决策有助于提高体育教学的质量和效率，促进学生的全面发展。

（二）优化体育活动预约流程

高校数字化体育教学平台在优化体育活动预约流程方面发挥着重要作用。

1. 预约系统自动化与智能化

（1）在线预约功能。平台提供在线预约功能，学生和教师只需在平台上选择所需的体育场地、设施和时间，即可完成预约操作。自动化处理预约请求，避免了传统预约方式中人工操作烦琐和易出错的问题。

（2）智能冲突检测与解决。平台能够自动识别并处理预约冲突，如场地已被占用或时间重叠等情况。当检测到冲突时，平台会提示用户重新选择场地或时间，或提供其他可用的选项。

2. 预约信息透明化与可视化

（1）实时场地状态显示。平台能够实时显示体育场地的使用情况，包括已预约、空闲和即将被占用等状态。用户可以通过平台直观地了解场地的使用情况，从而做出更合理的预约选择。

（2）预约历史记录查询。平台提供预约历史记录查询功能，用户可以查看自己或他人的预约记录。这有助于用户了解自己的预约情况，避免重复预约或遗漏预约。

3. 个性化预约服务

（1）个性化推荐。平台可以根据用户的历史预约记录和偏好，提供个性化的场地推荐和预约建议。这有助于用户更快速地找到适合自己的场地和时间，提高预约效率。

（2）定制化预约设置。用户可以根据自己的需求设置预约提醒、自动续约等功能。这些功能有助于用户更好地管理自己的预约事务，避免遗漏或错过预约。

4.简化预约流程与提高用户体验

（1）简化操作步骤。平台通过优化界面设计和操作流程,降低用户的操作难度和复杂度。用户只需几步简单的操作即可完成预约,提高了预约效率和用户体验感。

（2）多渠道预约支持。平台支持多种预约渠道,如网页版、移动版、微信公众号等。用户可以根据自己的喜好和习惯选择合适的预约渠道,提高了预约的便捷性和灵活性。

5.数据分析与反馈优化

（1）数据分析。平台能够收集和分析用户的预约数据,如预约次数、时间段分布、场地偏好等。通过数据分析,学校可以了解用户的预约行为和需求特点,为优化预约流程提供数据支持。

（2）反馈优化。用户可以通过平台提供反馈意见和建议,帮助学校不断改进和优化预约流程。学校可以根据用户的反馈意见进行相应的调整和改进,提高预约流程的满意度,提升用户体验。

（三）促进体育资源共享

高校数字化体育教学平台在促进体育资源共享方面发挥着关键作用。

1.体育资源数字化与整合

高校数字化体育教学平台通过先进的数字化技术,将各类体育资源如场馆、器材、教练团队、教学视频、训练计划等转化为数字化信息,并整合到一个统一的平台上。这使得各类体育资源得以集中展示和管理,方便用户进行搜索、查看和预约。

2.资源共享与访问

资源共享与访问主要包括资源分类与检索和资源预约与借用。资源分类与检索功能,是平台将体育资源按照不同的类别进行分类,如场馆资源、器材资源、教练资源等。用户可以通过分类快速找到所需的资源。同时,平台提供强大的检索功能,用户可以通过关键词、位置、时间等条件进行精确检索,提高资源查找的效率。资源预约与借用功能,是用户可以通过平台在线预约体育场馆、借用器材等资源。平台会实时更新资源状态,确保用户能够准确了解资源的可用性。预约和借用流程简单便捷,用户只需填写相关信息并提交申请,即可等待审核结果。审核通过后,用户即可按照约定的时间和地点使用资源。

3.资源互动与交流

资源互动与交流主要分为在线交流平台与资源评价与反馈。在线交流平台为用户提供在线交流功能,用户可以在这里分享自己的运动经验、训练技巧等,与其他用户进行互动和交流。这有助于用户之间的互相学习和成长,提高整体的体育水平。资源评价与反馈是用户可以对使用过的体育资源进行评价和反馈,为其他用户提供有价值的参考信息。平台会根据用户的评价和反馈进行资源优化和改进,提高资源的质量和可用性。

4.资源优化与配置

资源优化与配置主要分为数据分析与挖掘和资源配置与调度。数据分析与挖掘,指平台能够收集和分析用户的使用数据,如预约次数、使用时间、满意度等。通过数据分析,平台可以了解用户的需求和偏好,为优化资源配置提供依据。资源配置与调度是根据数据分析结果,平台可以对体育资源进行合理的配置和调度。这有助于满足用户的需求,提高资源的利用效率和服务质量。

5.资源安全与保护

资源安全与保护分为数据加密与隐私保护和权限管理与访问控制。数据加密与隐私保护,是指平台采用先进的数据加密技术,确保用户信息的安全性和隐私性。这有助于增强用户对平台的信任度和使用意愿。权限管理与访问控制是平台通过权限管理功能,对不同用户进行角色划分和权限设置。这有助于确保资源的合理使用和避免资源的滥用或损坏。

(四)提升教学质量和效果

高校数字化体育教学平台在提升教学质量和效果方面扮演着至关重要的角色。

1.教学资源整合与共享

教学资源整合与共享分为丰富的教学资源和资源共享与协作。丰富的教学资源是数字化体育教学平台整合了包括视频教程、教学课件、在线题库等在内的丰富教学资源。这些资源涵盖了体育教学的各个方面,为教师提供了全面的教学素材和参考,有助于教师更好地备课和教学。资源共享与协作是平台支持教师之间的资源共享和协作,促进教师之间的互相学习和成长。教师可以上传自己的教学资源,也可以查看和下载其他教师的教学资源,这种资源共享和协作的方式有助于提升整体教学水平。

2.个性化教学与学习

个性化教学与学习分为个性化学习计划和精准的教学反馈。个性化学习计划,指数字化体育教学平台能够根据学生的体能数据、运动表现等信息,为学生提供个性化的学习计划。这种个性化的教学方式有助于满足学生的不同需求,提高他们的学习兴趣和参与度。精准的教学反馈是平台能够实时收集和分析学生的学习数据,如运动轨迹、心率变化等,为教师提供精准的教学反馈。教师可以根据这些数据,及时调整教学策略和方法,为学生提供更加有效的指导。

3. 互动式教学环境

互动式教学环境包括多媒体教学资源和在线互动与讨论。平台提供了多媒体教学资源,如教学视频、在线互动工具等,为学生营造了一个更加生动、有趣的学习环境。这种互动式的教学环境有助于激发学生的学习兴趣,提高他们的学习效率。在线互动与讨论,指学生可以通过平台与教师和其他学生进行在线互动和讨论,分享自己的学习心得和体会。这种互动和讨论有助于加深学生对体育知识和技能的理解,提高他们的运动技能水平。

4. 数据驱动的教学管理

数据驱动的教学管理包括学生学习数据分析和教学质量评估。学生学习数据分析,指平台能够收集和分析学生的学习数据,为教师提供有价值的教学反馈。教师可以根据这些数据,了解学生的学习情况和问题所在,从而调整教学策略和方法,提高教学效果。教学质量评估是通过平台的数据分析功能,学校可以对教学质量进行客观的评估。这有助于学校发现教学中的问题和不足,及时采取措施进行改进和优化,提升整体教学质量。

5. 拓展体育教学资源

拓展体育教学资源包括远程教学与指导和丰富的在线课程。远程教学与指导,指数字化体育教学平台支持远程教学和指导功能,使得体育教学不再受地域和时间的限制。教师可以随时随地为学生提供指导和帮助,学生也可以根据自己的时间和需求进行学习。丰富的在线课程,指平台提供丰富的在线体育课程,包括各种体育项目的教学视频、训练计划等。学生可以根据自己的兴趣和需求选择合适的课程进行学习,拓展自己的体育知识和技能。

(五)支持协同办公与项目管理

高校数字化体育教学平台在支持协同办公与项目管理方面发挥着重要作用。

1. 协同办公功能

协同办公功能包括资源共享与协作、在线沟通与互动和任务分配与进度跟踪。资源共享与协作,指数字化体育教学平台允许教师、学生和管理人员共享教学资源,如教学课件、视频教程、教学计划等。通过平台的协作功能,不同角色的人员可以方便地交流、讨论和共同编辑这些资源,提高教学效率和质量。在线沟通与互动,指平台提供在线聊天、讨论区等沟通工具,使得教师之间、师生之间以及学生之间可以随时随地进行交流。这种即时的沟通方式有助于解决教学中的问题,促进教学经验的分享和传递。任务分配与进度跟踪功能,指数字化体育教学平台可以支持任务分配功能,允许教师将教学任务、项目任务等分配给不同的学生或团队。同时,平台还可以跟踪任务的进度,帮助教师及时了解学生的完成情况,确保教学计划的顺利实施。

2.项目管理功能

项目管理功能包括项目规划与启动、项目监控与评估、项目风险管理和项目文档管理。项目规划与启动功能,指教师可以利用平台的项目管理功能,制定详细的项目计划,包括项目目标、任务分解、时间安排等。通过平台的启动功能,教师可以方便地通知相关人员参与项目,确保项目的顺利启动。项目监控与评估功能,指数字化体育教学平台可以实时监控项目的进度,包括任务的完成情况、资源的使用情况等。通过平台的评估功能,教师可以对项目的质量、效果等进行客观的评价,为项目的改进提供依据。项目风险管理功能,指平台还可以支持项目的风险管理功能,允许教师预测和评估项目中可能出现的风险,并制定相应的应对措施。这有助于降低项目的风险,确保项目的顺利实施和完成。项目文档管理功能,指数字化体育教学平台提供了项目文档管理功能,教师可以方便地上传、下载和共享项目相关的文档资料。这有助于确保项目文档的完整性和安全性,为项目的后续工作提供有力的支持。

第三节 高校数字化体育教学资源的整合

高校数字化体育教学资源的整合是教育现代化和数字化转型的必然趋势。通过构建全面的数字化体育教学资源库、搭建体育教学管理平台、整合物联网和智能设备等措施,可以推动数字化体育教学资源的有效整合和应用。高校数字化体育教学资源的整合是提升体育教学质量、推动教育现代化的重要举措。随着信息技术的快速发展,数字化教学资源已经广泛应用于各个领域。在高校体育教学中,数字化教学资源的整合能够打破传统体育教学的时空限制,为学生提供更加丰富、多样的学习体验。同时,数字化教学资源还能够实现教学资源的共享和优化配置,提高教学效率和质量。

一、构建全面的数字体育教学资源库

高校应广泛收集各类体育教学资源,包括视频教程、在线课程、电子教材等,构建全面的数字体育教学资源库。

构建数字体育教学资源库的主要目标有:①提高体育教学质量。通过整合优质体育教学资源,为师生提供丰富多样的教学内容和学习材料,从而提升体育教学的质量和效果。②促进体育教学现代化。利用信息技术手段,推动体育教学的数字化、网络化和智能化发展,以适应新时代的教学需求。③实现教育资源共享。打破地域限制,使优质体育教学资源能够广泛传播和共享,促进教育公平。

在构建数字体育教学资源库时,应遵循以下原则:①科学性。确保资源的准确性、权威性和科学性,避免误导学生和教师。②丰富性。涵盖各类体育教学资源,包括视频教程、在线课程、电子教材等,满足不同教学需求。③易用性。界面友好、操作简便,方便师生查找和使用资源。④可扩展性。支持资源的持续更新和扩展,以适应不断变化的教学需求。

数字体育教学资源库应包含以下内容:①视频教程,包括各类体育项目的示范动作、训练技巧、比赛战术等视频资源,方便学生直观学习。②在线课程,提供完整的体育课程体系,包括基础理论、实践技能、运动保健等方面的课程。③电子教材,包括体育教材、教案、教学大纲等电子文档,方便师生查阅和备课。④教学素材库,整合各类体育教学资源,如图片、音频、动画等,为教学提供丰富的素材。⑤搭建师生交流平台,方便师生在线交流、提问和答疑,促进教学互动。

二、搭建体育教学管理平台

随着教育信息化的不断推进,体育教学也需要逐步实现信息化和智能化。搭建体育教学管理平台,旨在通过现代信息技术手段,对体育教学资源进行整合、优化和管理,以满足学校、教师和学生对于体育教学管理的多样化需求。通过体育教学管理平台,可以开发体育教学管理系统,实现课程安排、成绩管理、学生评价等功能的数字化。通过体育教学管理平台,教师可以方便地管理教学进度和学生表现,提高教学效率。

构建体育教学管理平台的目标:①提高管理效率。通过平台的建设,实现体育教学管理的信息化和智能化,减少人力成本,提高管理效率。②优化教学资源。实现教学资源的集中管理和共享,提高资源的利用率和教学质量。③提升教学质量。通过体育教学管理平台,实现教学过程的监控和评估,及时掌握教学情况,为教师提供科学的教学评价和指导。④满足个性化需求。通过体育教学管理平台,实现学生个性化教学需求的分析和定制,提供个性化的教学服务。⑤加强与家长的沟通。通过体育教学管理平台,加强学校与家长的沟通联系,便于家长及时了解学生的体育教学情况,与学校共同关注学生的身心健康。

三、整合物联网和智能设备

整合物联网和智能设备是构建现代化、智能化体育教学管理平台的关键步骤。通过建立统一的数据平台、制定统一的数据标准、加强设备之间的互联互通以及提供个性化服务等措施,可以实现对体育资源的实时监控和管理、收集和分析学生的运动数据以及提供个性化的教学服务。

物联网与智能设备在体育教学中可以用于:①实时监控与管理。通过物联网技术,可以实时监控体育场馆、器材等资源的状态。例如,在体育器材上安装传感器,可以实时监测器材的使用情况,及时维修和更换,确保器材的正常使用。物联网技术还可以用于体育场馆的智能化管理,如智能照明、智能安防等,提高场馆的使用效率和安全性。②运动数据收集与分析。智能设备,如智能手环、智能篮球等,可以实时记录学生的运动数据,如步数、心率、投篮动作等。通过大数据分析技术,可以对这些数据进行深入挖掘和分析,为学生提供个性化的运动指导,帮助教师制定针对性的教学方案。③虚拟现实与增强现实技术。通过虚拟现实和增强现实技术,学生可以身临其境地参与到体育运动中,提高技能水平和学习兴趣。这些技术还可以用于模拟比赛场景,帮助学生在比赛前做好准备。

整合物联网与智能设备的策略:①建立统一的数据平台。整合物联网和智能设备的第一步是建立统一的数据平台,用于收集、存储和分析来自不同设备的数据。这个平台应该具备高度的可扩展性和灵活性,以适应未来设备和技术的变化。②制定统一的数据标准。为了确保不同设备之间的数据互通和共享,需要制定统一的数据标准。这些标准应该涵盖数据的格式、传输协议、安全要求等方面。③加强设备之间的互联互通。通过物联网技术,实现不同设备之间的互联互通,形成一个完整的智能体育教学系统。这个系统应该能够自动收集和分析数据,为教师提供实时的教学反馈和建议。④提供个性化服务。利用大数据分析技术,对学生的运动数据进行深入挖掘和分析,为学生提供个性化的运动指导和建议。同时,也可以为教师提供针对性的教学方案和资源推荐。

第四节　数字化工具的种类与功能

数字化工具是指在现代科技的推动下,将传统工作流程、信息处理和沟通方式转变为电子化、网络化形式的一系列应用程序和软件工具。高校体育数字化教学所应用的数字化工具种类繁多,且各具特色。这些数字化工具在高校体育数字化教学中发挥着重要作用,它们不仅丰富了教学内容和形式,还提高了教学效果和学生的学习兴趣。

一、智能穿戴设备

智能穿戴设备是数字化工具中的一种重要类型,它将智能穿戴技术与人体的传统穿戴方式进行整合,对日常穿戴的物品进行智能化设计,开发出可穿戴的智能设备。

(一)定义与分类

智能穿戴设备,是将传感器、软件、网络和数据处理等技术集成于日常穿戴物品中,实现数据采集、分析、反馈及交互等功能的一种新型智能设备。

根据功能和穿戴方式的不同,智能穿戴设备可以分为多种类型。从功能角度来看,智能穿戴设备可以分为生活健康类、信息咨询类和体感控制类。生活健康类设备,如运动手环、智能手表等,主要用于监测用户的运动状态、心率、睡眠质量等健康数据;信息咨询类设备,如智能眼镜,通过光学显示技术将信息显示在用户视野中,实现拍照、录像、实时导航等功能;体感控制类设备,如虚拟现实头盔和手套,则用于体感游戏或提供沉浸式的虚拟现实体验。从穿戴方式来看,智能穿戴设备可以分为头戴设备、腕戴设备、手部设备、服饰设备、鞋袜类设备和植入设备等。头戴设备如智能眼镜、虚拟现实头盔等。腕戴设备如智能手表、运动手环等。手部设备如智能手套,用于体感控制或健康监测。服饰设备如智能服装,内置传感器监测用户生理状态或运动数据。鞋袜类设备如智能鞋,用于运动监测,记录步数、距离、速度等数据。这些设备通过巧妙的绑定部件,将功能主体附加在人身体的某个部位上,实现智能化交互。

(二)技术特点

1. 集成多种技术

智能穿戴设备融合了 RFID 射频识别、红外线感应器、GPS(全球定位系统)、传感器、虚拟现实、增强现实等多种技术,实现与人和环境的实时互动。具有以下特点:①可穿戴性。穿戴设备要求可以长时间穿戴,且穿戴过程中无不适感,能够满足不同的穿戴要求。②智能移动性。能够长久有效地采集数据,并将采集到的数据传输到数据终端或云端。在运动或移动过程中,数据不会有损坏丢失和采集错误等情况发生。③人机交互性。通过人机交互,可以更生动和准确地采集到人体的各种数据,从而更精确地分析人体状况。

2. 大数据与互联网云平台

通过大数据和互联网云平台,智能穿戴设备能够收集、处理并共享相关数据和信息。高校通过数字化体育教学平台,可以实时收集学生的运动数据,包括运动时间、运动强度、运动类型等。利用大数据技术,对这些数据进行深入分析,可以揭示学生的运动习惯、体能状况以及潜在的运动风险。基于大数据分析的结果，教师可以为每个学生量身定制个性化的教学计划，以满足其特定的体能和运动需求。这种个性化的教学方式有助于提高学生的运动兴趣和参与度，从而提升教学效果。通过对比学生的历史运动数据和当前数据，教师可以评估学生的运动表现，并据此调整教学计划。这种评估方式更加客观、准确，有助于教师更好地了解学生的学习进度和体能状况。互联网云平台可以整合高校内外的体育教学资源，包括教学视频、动作解析、运动数据等。这些资源可以在平台上实现共享，方便教师和学生随时访问和学习。通过互联网云平台，教师可以进行在线体育教学，与学生进行实时互动。这种教学方式打破了时间和空间的限制，使得体育教学更加灵活、便捷。互联网云平台还可以帮助高校组织和管理体育活动，包括赛事安排、报名管理、成绩统计等。这种管理方式提高了活动的组织效率，降低了管理成本。

3. 智能化交互

采用语音控制、眼球识别等智能输入方式，提升用户交互体验。智能化交互通过先进的技术手段，为学生提供了一个更加沉浸、互动和个性化的学习环境。这种交互方式不仅丰富了教学手段，还极大地提高了学生的学习兴趣和参与度。通过虚拟现实技术，学生可以身临其境地参与各种体育活动，如模拟真实的比赛场景、进行运动技能的练习等。增强现实技术则可以将虚拟信息叠加到真实世界中，如为学生展示正确的运动姿势和动作轨迹。智能辅助教学系统可以根据学生的学习情况和身体素质，提供个性化的教学方案。智能辅助教学系统可以分析学生的运动数据，找出学生的不足之处，并提供针对性的训练建议。通过这种方式，学生可以更加高效地提升自己的运动能力。数字化体育教学平台还可以提供在线互动与社交功能，如在线讨论、分享运动心得等。这些功能有助于促进学生之间的交流与合作，提高他们的团队协作能力。

（三）应用场景

智能穿戴设备的应用场景广泛且多样化，涵盖了健康管理、社交互动、便捷支付、工作效率提升、休闲娱乐以及紧急救援等多个方面。

1. 健康管理

用户可以随时监测心率、血压、血氧饱和度等生理指标，及时发现健康隐患。同时，智能穿戴设备还能提供运动追踪与指导，帮助用户制定和调整运动计划，提升锻炼效果。此外，通过分析用户的睡眠周期和质量，智能穿戴设备还能提供个性化的睡眠建议，帮助改善睡眠质量。智能穿戴设备通常配备心率传感器，能够实时监测用户的心率变化，为用户提供健康建议。部分高端智能穿戴设备还具备血压监测功能，能够为用户提供血压数据，帮助用户了解自身健康状况。通过内置的睡眠监测传感器，智能穿戴设备可以记录用户的睡眠时长、深度睡眠和浅睡眠周期,为用户提供个性化的睡眠建议。智能穿戴设备可以记录用户的运动数据,如步数、跑步距离、卡路里消耗等,帮助用户制定和调整运动计划。

2. 社交互动

智能穿戴设备可以即时提醒用户手机收到的短信、社交媒体通知或邮件等消息,无需频繁查看手机,保持通信畅通。部分设备还支持远程通信功能,让用户在不便携带手机时也能通过蓝牙耳机或其他方式接听或拨打电话。智能穿戴设备可以接收并显示来自手机的短信、社交媒体通知和邮件等消息,让用户在不方便查看手机时也能及时获取信息。部分智能穿戴设备支持蓝牙耳机功能,允许用户通过设备接听或拨打电话,提高通信便利性。一些智能穿戴设备还支持社交应用,如微信、QQ 等,用户可以通过设备发送消息、分享照片等。

3. 便捷支付

通过绑定支付账户,用户可以使用支持 NFC 功能的智能穿戴设备进行快捷支付,如购物付款、乘坐公共交通等,提高支付效率。支持 NFC 功能的智能穿戴设备可以与银行卡或支付账户绑定,实现快捷支付功能,如购物付款、乘坐公共交通等。部分智能穿戴设备还支持生成二维码进行支付,用户只需将设备靠近扫描设备即可完成支付。

4. 工作效率提升

智能穿戴设备可以同步手机日历,提醒用户即将进行的会议、约会等日程安排,确保不会错过重要事项。部分设备还支持远程控制功能,如遥控拍照、控制智能家居设备等,为用户的工作和生活带来便利。智能穿戴设备可以同步手机日历,提醒用户即将进行的会议、约会等日程安排。部分智能穿戴设备还支持远程控制功能,如遥控拍照、控制智能家居设备等,提高工作效率。

5. 休闲娱乐

连接蓝牙耳机后,用户可以通过智能穿戴设备控制手机中的音乐播放,如切换歌曲、调节音量等,享受音乐带来的愉悦。同时,智能穿戴设备还提供多种表盘样式和自定义选项,用户可以根据自己的喜好和风格进行设置,展现个性魅力。连接蓝牙耳机后,用户可以通过智能穿戴设备控制手机中的音乐播放,如切换歌曲、调节音量等。一些智能穿戴设备还支持体感游戏功能,用户可以通过设备参与游戏互动,享受游戏带来的乐趣。

6. 紧急救援

对于老年人或特定人群,智能穿戴设备可以检测跌倒事件并自动发送 SOS 求救信号至预设的紧急联系人,确保在紧急情况下得到及时救助。对于老年人或特定人群,智能穿戴设备可以检测跌倒事件并自动发送 SOS 求救信号至预设的紧急联系人。部分智能穿戴设备还具备 GPS 定位功能,可以实时追踪用户的位置信息,确保用户的安全。

此外,智能穿戴设备还具备其他功能,如天气预报、闹钟提醒等,为用户提供更加便捷的生活体验。随着技术的不断进步和用户需求的不断变化,智能穿戴设备的功能也将不断完善和创新。

(四)发展趋势与挑战

随着科技的不断进步和用户需求的日益多样化,智能穿戴设备正朝着更加智能化、便捷化、个性化的方向发展。然而,智能穿戴设备的发展也面临着一些挑战。①技术创新。随着传感器技术、数据处理与分析技术、电池技术等的不断创新,智能穿戴设备的性能将不断提升,功能将更加多样化。②用户体验优化。智能穿戴设备的设计将更加注重用户体验,追求设备的小型化、轻量化,同时保证设备的性能和续航。③电池寿命。由于为电池预留的空间有限,可穿戴设备需要有效的电源管理。因此,如何延长电池寿命、提高续航能力成为当前亟待解决的问题之一。④人体工程学和舒适度。为了提升用户体验,智能穿戴设备的设计需要更加注重人体工程学和舒适度。这要求设备在尺寸、重量、材质等方面进行优化,以确保用户长时间佩戴时不会感到不适。⑤数据安全与隐私保护。随着智能穿戴设备的普及和功能的不断扩展,数据安全与隐私保护问题日益凸显。加强数据加密、制定相关法律法规以及提高用户的安全意识是保障数据安全与隐私的关键。⑥跨界融合与创新。未来,智能穿戴设备将与其他产业进行深度融合,如医疗、教育、娱乐等。这将为智能穿戴设备带来更加广阔的市场空间和发展机遇。同时,也需要不断创新和突破,以满足用户日益多样化的需求。

二、虚拟现实与增强现实技术

虚拟现实与增强现实技术是两种前沿的、重塑我们与世界互动方式的技术。

(一)定义

虚拟现实(Virtual Reality,VR),是一种可以创建和体验虚拟世界的计算机仿真系统。它利用计算机生成一种模拟环境,用户可以通过佩戴 VR 设备(如 VR 头盔、VR 眼镜等)沉浸在这个虚拟环境中,并通过头部、手部等动作与虚拟环境进行交互。而增强现实(Augmented Reality,AR),是一种实时地计算摄影机影像的位置及角度并加上相应图像、视频、3D 模型的技术。它将虚拟信息与现实世界进行叠加,使用户在感官效果上确信虚拟环境是其周围真实环境的组成部分。

（二）技术原理

VR 技术主要包括模拟环境、感知、自然技能和传感设备等方面。模拟环境是由计算机生成的、实时动态的三维逼真图像。感知是指理想的 VR 应该具有一切人所具有的感知，如视觉、听觉、触觉等。自然技能是指人的头部转动、眼睛、手势等人体行为动作，由计算机来处理与参与者的动作相适应的数据，并对用户的输入做出实时响应。传感设备是指三维交互设备，如位置追踪器、数据手套、动作捕捉系统等。而 AR 技术借助光电显示技术、交互技术、多种传感器技术和计算机图形与多媒体技术，将计算机生成的虚拟环境与用户周围的现实环境融为一体。它通常使用可穿戴设备（如 AR 眼镜、AR 头盔等）或移动手持设备（如智能手机、平板电脑等）来呈现虚实融合的场景。

（三）应用场景

VR 技术在游戏、娱乐、教育、医疗等领域有广泛应用。例如，在游戏领域，VR 技术可以提供沉浸式的游戏体验；在教育领域，VR 技术可以创建虚拟实验室、虚拟教室等环境，提高教学效果；在医疗领域，VR 技术可以用于手术模拟、康复训练等。而 AR 技术在医疗、教育、设计、娱乐、商业等多个领域有广泛应用。例如，在医疗领域，AR 技术可以用于手术指导、解剖可视化等；在教育领域，AR 技术可以创建互动式教材、虚拟实验室等；在设计领域，AR 技术可以帮助设计师进行产品可视化、空间规划等；在娱乐领域，AR 技术可以提供互动式的游戏体验；在商业领域，AR 技术可以用于产品展示、广告宣传等。

（四）VR 与 AR 技术的区别与联系

1. 区别

从技术原理方面看，VR 技术主要构建虚拟环境，使用户完全沉浸在虚拟世界中；而 AR 技术则将虚拟信息与现实世界进行叠加，使用户在感知现实世界的同时接收虚拟信息。从应用场景来看，VR 技术更适用于需要完全沉浸的场景，如游戏、虚拟旅游等；而 AR 技术则更适用于需要与现实世界进行交互的场景，如医疗手术指导、教育互动教材等。从设备要求来看，VR 设备通常需要提供封闭式的视觉和听觉体验，以隔绝现实世界；而 AR 设备则更注重与现实世界的融合，通常使用透明显示屏或投影技术来呈现虚拟信息。

2. 联系

从技术基础来看，VR 和 AR 技术都基于计算机图形学、多媒体技术、传感技术等前沿技术。从交互性来看，VR 和 AR 技术都强调用户与虚拟环境的交互性，通过头部、手部等动作与虚拟环境进行互动。从应用前景来看，随着技术的不断发展，VR 和 AR 技术的应用前景越来越广阔，将深刻改变人们的生活方式和工作方式。

（五）功能

虚拟现实与增强现实技术各自具有独特的功能，这些功能使得这两种技术在多个领域得到了广泛的应用。

1. 虚拟现实技术的功能

（1）沉浸式体验。VR技术通过高精度的头戴式显示器（HMD）和动作捕捉系统，为用户提供一个高度逼真的虚拟环境。用户可以通过视觉、听觉甚至触觉等感官与虚拟环境进行交互，从而获得身临其境的体验。

（2）交互性。用户可以利用鼠标、键盘、手柄等设备与虚拟环境进行互动。虚拟环境中的物体和场景可以根据用户的动作和指令进行实时更新和变化。

（3）实时渲染。VR技术需要强大的计算能力来处理大量的图形数据和实时渲染。这确保了虚拟环境的画质和流畅性，从而提升了用户的体验。

（4）多感官体验。除了视觉和动作交互外，VR技术还可以结合3D音效和触觉反馈等技术。例如，通过耳机播放立体声或环绕声音效，使用户感受到声音的方向和距离；通过振动器或触觉反馈装置模拟触摸感。

（5）广泛应用场景。可以广泛应用在游戏与娱乐、教育与培训、医疗健康和建筑与室内设计等领域。VR技术为玩家提供了沉浸式的游戏体验，使玩家可以身临其境地参与游戏场景。VR技术可以构建出逼真的虚拟场景，为学习者提供更加生动、直观、深入的学习体验。VR技术可用于手术模拟和训练，帮助医生提高操作技能和安全性；同时也可用于疼痛管理、心理治疗和康复训练。设计师可以在虚拟环境中快速构建和修改建筑模型，以便更好地可视化和演示设计概念。

2. 增强现实技术的功能

（1）虚实融合。AR技术将虚拟信息与现实世界进行无缝集成。用户可以通过智能设备（如智能手机、平板电脑、AR眼镜等）看到虚拟信息与现实世界的叠加效果。

（2）交互性。用户可以通过触摸屏幕、语音指令等方式与虚拟信息进行交互。虚拟信息可以根据用户的动作和指令进行实时更新和变化。

（3）信息标注与叠加。AR技术可以在现实世界中添加标注信息，如文字、图像、视频等。这些信息可以为用户提供额外的信息支持，如导航指示、产品说明等。

（4）广泛应用场景。可广泛应用于安防领域、教育与培训、娱乐与游戏、商业与营销等方面。AR技术可以应用于安防监控系统中，通过标注信息提高监控画面的可读性和安全性。AR技术可以创建互动式教材，帮助学生更好地理解抽象概念。AR技术可以为用户提供互动式的游戏体验，如AR游戏、AR拍照等。AR技术可以用于产品展示、广告宣传等商业活动中,提高用户的参与度和购买意愿。

三、在线教学平台与移动应用

在线教学平台与移动应用在现代教育中扮演着至关重要的角色,它们为学习者提供了更加便捷、灵活和个性化的学习方式。

(一)在线教学平台

在线教学平台是为在线教育各业务场景所提供的数字信息化服务软件系统,可以连接教师与学员,构建一个虚拟的视频、语音、文字交互的场景,从而模拟出一个教学场所,让教师与学员进行教学对话,完成在线教学活动。

1. 在线教学平台的功能

教学功能是在线教学平台的核心功能,通常支持直播授课、录播授课、一对一视频授课等多种教学方式。教师可以通过电脑进行桌面共享、手写屏与高拍仪等方式进行授课,同时与学员进行音频、文字、视频等多种形式的教学互动。在线教学平台的功能较多,主要表现在以下方面。

(1)直播授课与互动。支持三分屏教学互动直播,模拟真实课堂环境,教师与学员可以实现实时互动。提供电子白板与PPT随意切换的功能,方便教师标注重点内容。支持学生举手在线答疑,以及调研问卷和电子投票等互动形式。

(2)录播与回放。直播教学中支持全屏录制,方便学员复习和未能到场的学员补习。学员可以随时回看上课内容,按需查漏补缺。

(3)资源共享与资料下载。教师可以在直播教室里面共享课程资料给学员,支持PPT、Word、Excel、PDF、SWF等常用电子文件格式。学员可以下载或在线查看这些资料,以便进行课后复习。

(4)桌面共享与多媒体辅助教学。教师可将自己电脑桌面共享给学员,随时使用本地MP3、MP4多媒体文件辅助教学。可以进行软件操作的演示,帮助学员更好地理解课程内容。

(5)课程管理与学员监控。教师作为教室里的最高权限人,可以监控学员的文字交流信息,设置全部学员查看或老师单独查看的权限。可以对课程进行进度管理,确保学员按时完成学习任务。

(6)系统兼容与多终端支持。无需安装客户端,支持Windows、MAC等操作系统,主流浏览器全部兼容。支持电脑、iPad、手机以及微信课堂的使用,实现碎片化学习和碎片化管理。

2. 在线教学平台的优势

打破了时间和空间的限制,学习者可以随时随地访问在线教学平台进行学习。提供了丰富的学习资源,包括课程视频、教材、作业等,满足了学习者的不同需求。平台可以根据学习者的兴趣和学习进度推荐合适的学习内容,实现了个性化学习。

3. 在线教学平台的应用场景

各类教育机构、学校和企业培训部门等,都可以利用在线教学平台进行远程教育和培训。学习者可以在家中、图书馆、咖啡馆等场所,通过电脑、平板或手机等设备访问在线教学平台进行学习。

(二)移动应用

移动应用是专门为智能手机、平板电脑等移动设备设计和开发的软件应用。它们通过操作系统(如 iOS 或 Android)的应用商店进行分发和安装,用户可以根据自己的需求选择下载和使用。

1. 移动应用的功能

移动应用在教育领域的应用,为学习者提供了更加便捷的学习方式和丰富的学习资源。例如,学习者可以通过教育类 App 利用碎片化时间进行学习,提升知识储备水平。移动应用的功能很多,主要表现在以下方面。

(1)便捷访问与学习。用户可以通过智能手机或平板电脑等设备随时随地访问移动应用进行学习。移动应用提供了友好的界面和简便的操作方式,方便用户快速上手。

(2)个性化学习推荐。移动应用可以根据用户的学习习惯和偏好进行内容推送和个性化服务。用户可以根据自己的兴趣和需求选择学习内容,提高学习效果。

(3)互动与社交功能。移动应用通常提供了社交沟通功能,如评论、点赞、分享等。用户可以通过这些功能与其他学习者或教师进行交流和互动,分享学习心得和经验。

(4)离线学习与缓存功能。移动应用支持离线学习和缓存功能,用户可以在没有网络的情况下继续学习。这为用户提供了更加灵活的学习方式,方便在通勤、旅行等场合进行学习。

(5)学习进度跟踪与提醒。移动应用可以跟踪用户的学习进度,并提供提醒功能。用户可以设置学习计划并接收提醒,确保按时完成学习任务。

2. 移动应用的优势

界面友好,操作简便,适合在移动设备上使用。提供了个性化的服务和推荐,根据用户的使用习惯和偏好进行内容推送。交互性强,通常采用触屏、重力感应等交互方式,增强了用户的参与感和沉浸感。

3.移动应用的应用场景

学习者可以在通勤、排队、休息等碎片化时间,通过手机等移动设备访问教育类 App 进行学习。教育机构和企业可以利用移动应用进行品牌推广、课程营销和学员管理等活动。

(三)在线教学平台与移动应用的结合

在线教学平台与移动应用的结合主要表现在以下几个方面。

(1)无缝对接。许多在线教学平台都提供了移动应用版本,使得学习者可以通过手机等移动设备随时随地访问平台进行学习。移动应用通常与在线教学平台的数据进行同步,确保学习者在不同设备上都能获得一致的学习体验。

(2)功能互补。在线教学平台提供了丰富的教学资源和互动功能,而移动应用则更加注重便捷性和个性化服务。学习者可以在平台上进行系统的学习,而在移动应用上进行碎片化的复习和巩固。

(3)提升学习效果。通过结合在线教学平台和移动应用,学习者可以更加灵活地安排学习时间和地点。同时,平台和应用上的丰富资源和互动功能也有助于提高学习者的学习积极性和参与度。

第五章

数字化背景下高校体育教学模式创新与实践

随着数字化时代的到来,高校体育教学模式正在经历一场深刻的变革。数字化技术为体育教学提供了新的工具、方法和思路,推动了教学模式的创新与实践。通过应用数字化技术、创新教学方法和模式、加强师资培训等措施,可以推动高校体育教学的创新和发展,更好地满足学生的需求和社会的发展需求。

第一节　线上线下融合教学模式

在数字化背景下,高校体育教学线上线下融合教学模式成为一种创新且有效的教学方式。

一、线上线下融合教学模式的定义

线上线下融合教学模式是一种新型的教育模式,它是指将线上教学和线下教学相结合的一种教育模式,结合了线上教育的便捷性和线下教育的互动性,发挥两者的优势,旨在为学生提供更加全面、灵活和个性化的学习体验。

在这种模式下,教学活动不再局限于传统的教室环境,而是将线上学习平台与线下实体课堂有机结合。学生可以通过线上学习平台获取课程资源、参与在线讨论、完成作业和测试等学习任务,同时也可以在线下实体课堂中与教师和其他学生进行面对面的交流和互动,共同解决学习中的问题。线上线下融合教学模式强调线上与线下之间的无缝衔接和深度融合,以实现教学资源的优化配置和教学过程的优化管理。通过线上学习,学生可以更加灵活地安排自己的学习时间,获取更加丰富的课程资源和学习工具;而线下实体课堂则能够为学生提供更加真实、直观的学习环境和更加深入的师生交流机会。此外,线上线下融合教学模式还注重个性化学习的实现。通过对学生学习数据的分析和挖掘,教师可以更加精准地了解学生的学习需求和问题所在,从而为他们提供更加个性化的学习计划和指导策略。这种个性化的学习方式有助于激发学生的学习兴趣和积极性,提升他们的学习效果和满意度。

二、线上线下融合教学模式的理论基础

线上线下融合教学模式的理论基础涉及多个方面,主要包括教育数字化转型的背景、智慧教育理念、双向赋能的教学法、数智驱动的学习评价、学习生态系统理论、教学胜任力理论、教学评价体系以及发展保障机制等。

(一)教育数字化转型的背景

教育数字化转型是当前教育发展的重要趋势,它强调利用信息技术手段来改革传统教学模式,提升教学效果和学生的学习体验。随着信息技术的快速发展,线上线下融合教学模式正是教育数字化转型的产物之一,它通过整合线上和线下的教育资源,打破时间和空间的限制,为学生提供更加灵活、便捷和个性化的学习路径。线上线下融合教育作为教育信息化2.0阶段的重要形态,成为传统教育走向新发展的必然选择。在这一背景下,线上线下融合教学模式应运而生,旨在通过整合线上线下的教育资源和优势,提升教学效果和学习体验。

(二)智慧教育理念

智慧教育是指利用大数据、云计算、物联网等现代信息技术手段,构建智能化、个性化的教育环境,以促进学生的全面发展。线上线下融合教学模式在智慧教育理念的指导下,充分利用信息技术手段来优化教学流程、提升教学质量,并为学生提供更加智能化的学习支持和服务。例如,通过智能分析学生的学习数据,教师可以更加精准地了解学生的学习需求和问题所在,从而制定更加个性化的教学计划和指导策略。智慧学习空间是支持线上线下融合学习活动的实质载体,它利用信息技术构建无缝的学习环境,实现实体学习空间、虚拟学习空间和自然学习空间的跨越和融合。智慧学习空间具有智慧性、融合性、情境性、协同性和生态性等特点,能够更好地提供适应学习者个性特征的学习支持和服务。

(三)双向赋能的教学法

双向赋能的教学法是指在教学过程中,教师和学生、教育和技术之间相互赋能、相互

促进的一种教学方法。线上线下融合教学法包括线上线下融合教育视域下教的方法和学的方法,两者是密切联系、相互作用的教学活动统一体的两个方面。双向赋能的线上线下融合教学法关注以学习者为中心,以因材施教为导向,是教师和学生为实现教学目的、促进学生成长而开展的一系列线上线下相互赋能、相互融合的活动。在线上线下融合教学模式中,教师和学生可以充分利用线上和线下的学习资源和学习环境,进行更加灵活多样的教学活动和学习交流。同时,教育和技术也可以为教学提供强大的支持和保障,如通过智能教学系统、在线学习平台等技术手段来辅助教学和管理。这种双向赋能的教学方法有助于激发学生的学习兴趣和积极性,提升他们的自主学习能力和团队协作能力。

(四)混合式学习理论

混合式学习是指将传统面对面教学与在线学习相结合的一种教学模式。它结合了线上学习的自主性和线下学习的互动性,旨在提高学生的学习效果和满意度。线上线下融合教学模式在某种程度上可以看作是混合式学习的一种高级形态,它更加注重线上与线下教学的深度融合和无缝衔接,以实现更好的教学效果。

(五)数智驱动的学习评价

在线上线下融合教学模式中,学习评价智能化是重要特点之一。通过利用大数据和人工智能技术,可以对学生的学习过程和学习结果进行精准、全面的评价。这种评价方式有助于教师及时了解学生的学习情况,为学生提供个性化的指导和帮助,同时也有助于优化教学策略和提升教学效果。

(六)学习生态系统理论

线上线下融合教学模式强调线上线下融合学习生态系统的构建。这个生态系统包括学习者、教师、学习资源、学习工具等多个要素,它们通过有机融合形成整体,共同支持学生的学习和发展。在这个生态系统中,各要素相互适应、不断优化,达到一种动态平稳、开放有序的状态。

(七)教学胜任力理论

在线上线下融合教学模式下,教师需要具备线上线下融合教学的胜任力。这包括掌握线上教学工具和技术、设计线上线下融合的教学方案、引导学生进行线上线下混合学习等方面的能力。培养有线上线下融合教学胜任力的教师是线上线下融合教育发展的关键之一。

(八)发展保障机制

为了确保线上线下融合教学模式的顺利实施和持续发展,需要建立相应的保障机制。这包括加快推进新基建、提升信息技术水平、完善教学管理制度、加强教师培训等方面的措施。这些保障机制为线上线下融合教学模式的推广和应用提供了有力的支持和保障。

三、线上线下融合教学模式的构建与实施

线上线下融合教学模式是指以提升教学效果与授课体验为核心,通过云计算、大数据、人工智能和互联网等高新技术打通课前、课中、课后等各环节的数据,并将线上与线下的学习场景深度融合,实现数字化的教学流程与个性化的教学方式,重置师生教学的时间与空间。线上线下融合教学模式的构建与实施是一个系统工程,涉及多个环节和要素。

(一)线上线下融合教学模式的构建

1. 构建的理论基础

(1)元宇宙概念。元宇宙是一个跨越物理与虚拟世界的去中心化、秩序化的在线数字世界,具有媒介属性、场域属性和生态属性。这些属性使得元宇宙能够成为线上线下融合学习空间的理想载体。元宇宙的构建涉及多个核心要素,包括但不限于虚拟架构、交互机制和支撑技术。①虚拟架构是构成元宇宙世界所需的各类基础设施,如虚拟环境、虚拟物品等。这些基础设施既可以将现实世界中的事物映射其中,也可以创造现实世界不存在的东西。②交互机制包括虚拟元宇宙与真实世界的交互界面,以及元宇宙中人与人的交互(社交)、人与物的交互(经济)等。这些交互机制使得用户能够在元宇宙中进行各种活动和交流。③支撑技术包括人工智能、混合现实、电子通信、数字孪生、区块链等构筑和支撑元宇宙运行的各类技术。这些技术为元宇宙提供了强大的技术支持和保障。

(2)线上线下融合概念。线上线下融合是一个综合性的概念,它强调线上与线下服务的无缝连接和深度融合。它不仅仅是将线上和线下的服务简单地相加,而是通过技术手段实现两者之间的无缝连接和深度融合,从而为用户提供更加便捷、高效和个性化的服务体验。线上线下融合的核心要素有技术支撑、场景融合和数据共享。①技术支撑是指线上线下融合模式依赖于云计算、大数据、人工智能等先进技术,这些技术为线上线下的深度融合提供了强大的支撑。②场景融合是指线上线下融合模式强调线上与线下场景的融合,通过技术手段打破传统物理空间的限制,实现线上线下的无缝切换和互动。③数据共享是指在线上线下融合模式下,线上线下的数据可以实现共享和互通,从而为用户提供更加精准和个性化的服务。

2. 构建原则

线上线下融合教学模式的构建原则主要有连通性、可用性、共建性和伦理约束。

（1）连通性是一个在多个领域都有广泛应用的概念，具体含义可能因领域不同而有所差异。确保线上与线下学习场景之间的无缝连接，使学习者能够在不同场景之间自由切换。

（2）可用性通常指的是在某个考察时间，系统或产品能够正常运行或执行其预定功能的概率或时间占有率期望值。它是衡量设备或系统在投入使用后实际使用效能的关键指标，是设备或系统的可靠性、可维护性和维护支持性的综合特性。提供易于使用、功能完善的学习工具和资源，确保学习者能够高效利用线上线下资源。

（3）共建性指的是在某一特定领域或项目中，不同主体之间共同努力、共同参与和建设的特性。这些主体可以是政府、企业、学校、家庭、社会组织或个人等，他们通过合作与协调，共同推动项目或目标的实现。旨在鼓励师生共同参与学习空间的构建和维护，形成积极向上的学习氛围。

（4）伦理约束是指在社会生活中，人们为了维护社会秩序、保护公共利益和个体权益，而制定并遵循的一系列道德规范和行为准则。这些规范和准则旨在引导人们做出符合道德标准的选择，避免损害他人或社会的利益。伦理约束是人类社会中不可或缺的一部分，它涉及个体或组织在行为选择时所应遵循的道德规范和原则。伦理约束是在学习空间的设计和使用过程中，遵循伦理道德原则，保护学习者的隐私和权益。

3. 构建步骤

构建步骤主要包括需求分析、平台选择与设计、教学资源整合、教学模式设计、教师培训与支持。

（1）需求分析。需求分析是指深入了解学生的学习需求、学习习惯和兴趣点。了解学生的学习需求主要从进行问卷调查、开展小组讨论、进行个别访谈和观察学生的学习行为几个方面分析。①进行问卷调查是通过设计问卷，涵盖学习方式、学习进度、学习困难等方面的问题，让学生匿名填写。问卷可以定期或不定期进行，以跟踪学生的学习需求变化。②开展小组讨论是组织学生分组讨论，鼓励他们分享自己的学习需求、困惑和期望。教师可以通过观察讨论过程，收集学生的反馈。③进行个别访谈是指与学生进行一对一的访谈，了解他们的个性化学习需求。访谈可以针对特定学生群体，如学习困难学生、优秀学生等。④观察学生的学习行为是指注意学生在课堂上的参与度、注意力集中程度等。通过观察学生的作业完成情况，了解他们在学习中的困难和需求。了解学生的学习习惯主要从观察学生的学习行为模式、与学生交流学习习惯、分析学生的学习成果几个方面分析。了解学生的兴趣点主要从观察学生的课外活动、与学生交流兴趣爱好、提供多样化的学习资源、利用兴趣点激发学习动机几方面分析。

（2）平台选择与设计。在构建线上线下融合教学模式时，平台的选择至关重要。一个优秀的平台应具备技术稳定性、功能丰富性、数据安全性和易用性等特点。①技术稳定性是指平台应具备强大的技术支持，确保线上教学的稳定性和流畅性，避免卡顿、延迟等问题影响学生的学习体验。②功能丰富性是指平台应提供丰富的教学功能，如直播授课、录播回放、在线互动、作业提交与批改等，以满足线上线下融合教学的需求。③数据安全性是指平台应确保用户数据的安全性和隐私性，防止数据泄露和滥用。④易用性是指平台应操作简单、界面友好，方便教师和学生快速上手。

在构建线上线下融合教学模式时，可以从课前准备、课中互动、课后巩固和数据评估几个方面进行设计。①课前准备是利用线上平台发布预习任务和学习资源，引导学生进行自主学习和初步了解课程内容。同时，教师可以通过平台收集学生的预习反馈，为后续教学提供参考。②课中互动是指在课堂上，利用线上线下相结合的方式进行教学。例如，通过线上平台进行直播授课和实时互动，同时结合线下课堂进行实操演示和小组讨论等。这样可以充分利用线上线下的优势，提高教学效果和学习体验。③课后巩固是指课后，学生可以通过线上平台回放课堂内容、完成作业和提交学习心得等。教师可以通过平台对学生的作业进行批改和反馈，同时提供个性化的学习建议和资源推荐。④数据评估是指利用平台的数据分析功能，对学生的学习数据进行收集和分析。这包括学习时长、学习进度、学习成果等方面的数据。通过数据分析，可以了解学生的学习情况和需求，为后续的教学改进提供依据。

（3）教学资源整合。在线上线下融合教学模式下，教学资源的整合有助于实现线上线下的无缝衔接，为学生提供更丰富、多元和个性化的学习体验。通过整合不同来源、不同形式的教学资源，可以满足不同学生的学习需求，提高教学效果和学习质量。教学资源整合的内容包括课程资源的整合、教学素材的整合和学习资源的整合。①课程资源的整合是将线上课程与线下课程相结合，形成互补。线上课程可以侧重于理论知识的讲解和预习，线下课程则更注重实践操作和深度学习。整合不同学科、不同领域的课程资源，形成跨学科的学习路径，拓宽学生的知识面和视野。②教学素材的整合是收集、整理和制作各类教学素材，如视频、音频、图片、文档等，以满足线上线下的教学需求。确保教学素材的多样性和趣味性，以激发学生的学习兴趣和积极性。③学习资源的整合是整合各类学习资源，如电子图书、在线数据库、学习工具等，为学生提供便捷的学习途径。建立学习资源库或学习平台，方便学生随时随地进行自主学习和复习。

教学资源整合的方法有搭建资源共享平台、优化资源配置和促进资源流动。①搭建资源共享平台是利用云计算、大数据等技术手段，搭建资源共享平台，实现教学资源的集中存储和共享。鼓励教师和学生上传自己的教学资源,形成资源共建共享的良好氛围。②优化资源配置是根据教学需求和学习需求,合理配置教学资源,确保资源的有效利用。对教学资源进行定期更新和维护,保持资源的时效性和准确性。③促进资源流动是鼓励不同学校、不同机构之间的资源交流和合作,实现资源的共享和互补。推动教学资源在区域内的均衡分布,缩小城乡和地区之间的教育差异。

(4)教学模式设计。线上线下融合教学模式的设计要素包括教学目标、教学内容、教学方法和教学评估。①教学目标是从知识技能习得向高阶思维能力培养转变,注重学习者的创新能力和批判性思维的培养。②教学内容是结合线上与线下教学的特点,设计多元化、层次化的教学内容,满足不同学习者的需求。③教学方法是采用混合式教学法,如翻转课堂、项目式学习等,促进学习者的主动学习和深度学习。教学评估是建立全面的教学评估体系,包括学习成果评估、教学过程评估和教学资源评估等,以持续优化教学效果。

线上线下融合教学模式的实施策略包括技术赋能、资源优化、师生互动和社区建设。①技术赋能是指利用人工智能、大数据等技术对教学平台进行智能化改造,提高教学效率和个性化服务水平。②资源优化是指整合线上与线下的教学资源,形成丰富多样的教学资源库,为学习者提供便捷的学习路径。③师生互动是指加强线上与线下的师生互动,通过实时反馈、在线答疑等方式,提高学习者的学习体验和参与度。④社区建设是指建立学习者社区,鼓励学习者之间的交流和合作,形成积极的学习氛围和互助文化。

(5)教师培训与支持。对教师进行线上教学技能和教学方法的培训,提升他们的线上线下融合教学能力。提供技术支持和教学资源支持,帮助教师更好地实施线上线下融合教学。教师培训的内容包括技术培训、教学理念培训、课程设计培训和教学评估与反馈。①技术培训包括线上教学平台的使用、多媒体教学资源的制作与整合、虚拟现实和增强现实等技术在教学中的应用等。②教学理念培训是强调以学生为中心的教学理念,培养教师的创新能力和批判性思维,鼓励教师探索更多元化的教学方法。③课程设计培训是指导教师如何设计线上线下相融合的课程,包括教学内容的选择、教学目标的设定、教学活动的组织等。④教学评估与反馈是培训教师进行有效的教学评估,包括学生学习成果的评估、教学过程的评估以及教学资源的评估等,并学会根据评估结果进行反馈和改进。

教师培训的方式有线上培训、线下培训和混合培训。①线上培训是指利用线上教学平台进行教师培训,方便教师随时随地学习,同时降低培训成本。②线下培训是指组织面对面的教师培训活动,如研讨会、工作坊等,增强教师之间的互动和交流。③混合培训是指结合线上和线下培训的优势,进行混合式的教师培训,提高培训的灵活性和有效性。

教师培训的支持措施包括建立培训机制、提供技术支持、鼓励教师参与和建立学习社群。①建立培训机制是学校或教育机构应建立完善的教师培训机制,定期为教师提供培训机会和资源。②提供技术支持是为教师提供必要的技术支持和设备支持,确保教师能够顺利开展线上教学。③鼓励教师参与是通过奖励机制、职称评定等方式,鼓励教师积极参与培训和学习。④建立学习社群是建立教师学习社群,促进教师之间的交流和分享,共同提升教学水平。

4. 构建模型

模型的构建可以从技术支持层、教学内容层、教学流程层、教师培训层和学生参与层几方面探讨。

(1)技术支持层。技术支持层包括在线学习平台、硬件设备和技术维护。①在线学习平台是指选择适合的在线学习平台,以支持课程内容的发布、学习进度的跟踪以及师生之间的互动。②硬件设备是指在高校体育教学过程中提供必要的硬件设备,如电脑、平板、高速网络等,以确保学生在家中或其他远程地点也能顺畅学习。③技术维护是指定期进行技术故障排查和维护,确保系统稳定运行,减少因技术问题造成的教学中断。

(2)教学内容层。教学内容层包括线上教学内容、线下教学内容和内容融合。①线上教学内容是通过在线学习平台进行知识传授,如视频讲解、在线测验、论坛讨论等。②线下教学内容是在课堂上进行讨论和实践,巩固线上学习的效果,如小组讨论、实验操作、项目展示等。③内容融合是将线上和线下教学内容有机融合,形成完整的教学体系。例如,可以在线上平台上先进行知识传授,然后在课堂上进行讨论和实践。

(3)教学流程层。教学流程层包括课前准备、线上学习、课堂互动和课后反馈。①课前准备是教师根据教学目标和学生需求,制定教学计划和教学材料,并在线上平台上发布预习任务。②线上学习是学生在家或其他远程地点通过在线学习平台进行自主学习,完成预习任务并初步掌握相关知识。③课堂互动是指在课堂上,教师引导学生进行小组讨论、实践操作等活动,深化对知识的理解和应用。④课后反馈是学生通过线上平台提交作业和反馈学习心得,教师根据反馈进行个性化指导。

(4)教师培训层。教师培训层包括技能培训和经验分享。①技能培训是指对教师进行线上教学技能和经验的培训,如如何设计混合式课程、如何运用在线评估工具等。②经验分享是鼓励教师之间的经验分享和交流,组织定期的教研活动,共同提高教学水平。

(5)学生参与层。学生参与层包括学习积极性、互动参与和反馈机制。①学习积极性是教师通过设定明确的学习目标和期望来引导学生积极参与线上和线下的学习活动。

②互动参与是鼓励学生在线上平台上分享自己的观点和问题,促进同伴之间的互动和合作。③反馈机制是设置奖励机制,如积分、荣誉证书等,激励学生积极完成学习任务,并关注学生的反馈,及时调整教学策略。

(二)线上线下融合教学模式的实施

线上线下融合教学模式的实施是一个复杂但有序的过程,涉及技术支持与准备、教学内容与活动设计、教师培训与团队协作、学生参与与反馈、评估与改进、数智化管理系统等多个方面。

1.技术支持与准备

主要从选择适合的在线学习平台、提供必要的硬件设备和技术培训与支持等几个方面考虑。①选择适合的在线学习平台需根据学校或机构的需求,选择功能完善、稳定可靠的在线学习平台。确保平台支持课程内容的发布、学习进度的跟踪、师生互动等功能。②提供必要的硬件设备,即为教师和学生配备电脑、平板、高速网络等必要的硬件设备。确保设备性能满足在线学习的需求,且易于操作和维护。③技术培训与支持是对教师进行线上教学技能和经验的培训,包括如何设计混合式课程、如何运用在线评估工具等。为学生提供必要的技术指导,确保他们能够顺利使用在线学习平台。

2.教学内容与活动设计

主要包括制定教学计划、设计线上教学内容、设计线下教学活动和融合线上线下内容。①制定教学计划是根据教学目标和学生需求,制定详细的教学计划,包括线上和线下的教学内容和活动。②设计线上教学内容是利用在线学习平台进行知识传授,如录制视频讲解、发布在线测验、组织论坛讨论等。③设计互动性强、易于理解的线上教学资源,如动画、图表、案例等。设计线下教学活动是在课堂上进行讨论、实践操作、项目展示等线下教学活动,以巩固线上学习的效果。设计具有挑战性的线下任务,激发学生的学习兴趣和探究精神。④融合线上线下内容是将线上和线下的教学内容和活动有机融合,形成完整的教学体系。确保线上学习为线下教学提供基础,线下教学则深化和拓展线上学习的内容。

3.教师培训与团队协作

主要包括提升教师线上教学能力和加强团队协作。①提升教师线上教学能力是通过培训、研讨等方式,提升教师的线上教学技能和经验。鼓励教师分享线上教学的经验和心得,共同提高教学水平。②加强团队协作是指建立跨学科、跨领域的教师团队,共同设计和实施线上线下融合教学模式。通过团队协作,实现资源共享、优势互补,提高教学效果。

4. 学生参与与反馈

主要包括引导学生积极参与和收集学生反馈。①引导学生积极参与是设定明确的学习目标和期望,引导学生积极参与线上和线下的学习活动。通过设置奖励机制、组织竞赛等方式,激发学生的学习积极性和参与度。②收集学生反馈是定期收集学生对线上线下融合教学模式的反馈意见,了解他们的学习需求和困难。根据学生的反馈,及时调整教学策略和内容,提高教学效果。

5. 评估与改进

主要从评估教学效果和持续改进与优化入手。①评估教学效果可通过考试、作业、项目展示等方式,衡量学生的学习效果。对线上和线下的教学效果进行综合分析,找出存在的问题和改进的方向。②持续改进与优化是根据评估结果,不断优化教学内容和活动设计。引入新的教学技术和方法,提升线上线下融合教学模式的效果和质量。

6. 数智化管理系统

主要包括教学数据分析和智能引导。①教学数据分析是利用数据挖掘和分析技术,对教学过程中的数据进行深入分析,为教学决策提供科学依据。②智能引导是根据学习者的学习情况和目标,提供智能化的学习建议和引导。

(三)注意事项

在线上线下融合教学模式的构建与实施中应当关注保持线上线下教学的连贯性、注重学生的个性化需求、加强师生互动和交流和关注学生的学习进度和效果等几个方面。

保持线上线下教学的连贯性,需确保线上和线下教学内容、教学进度和教学目标的一致性,避免学生产生困惑和不适。注重学生的个性化需求是在构建和实施线上线下融合教学模式时,充分考虑学生的个性化需求和学习特点,提供个性化的学习支持和资源。加强师生互动和交流是利用线上平台提供的互动功能,加强师生之间的交流和互动,提高教学效果和学习体验。关注学生的学习进度和效果是通过线上平台进行学习进度跟踪和在线测试,及时了解学生的学习情况,为提供个性化的学习建议和反馈提供依据。

四、线上线下融合教学模式的具体应用

(一)教学资源整合

1. 线上资源

利用网络平台,如慕课、在线课程等,为学生提供丰富的体育课程资源和教学视频。这些资源可以包括各类运动项目的技术指导、裁判法指导、奥运会知识、体育欣赏等。

2.线下资源

结合高校体育场馆、设施等线下资源,开展实践教学和体育活动。通过线上资源的引导和线下实践的巩固,学生可以更加深入地理解和掌握体育知识和技能。

(二)教学流程优化

1.线上预习

在课前,学生通过线上平台预习体育课程的相关知识和技术动作,了解课程目标和要求。这有助于提高学生的自主学习能力,为线下教学做好准备。

2.线下实践

在课堂上,教师根据学生的预习情况,进行有针对性的讲解和示范。学生通过实践操作,巩固线上预习的内容,提高运动技能水平。

3.线上反馈

课后,学生可以通过线上平台提交作业、参与讨论和反馈学习效果。教师可以根据学生的反馈,及时调整教学策略和内容,提高教学效果。

(三)教学互动增强

1.师生互动

在线上线下融合教学模式中,教师可以通过线上平台与学生进行实时互动,解答学生的疑问和困惑。同时,在线下教学中,教师可以通过面对面的指导,更加直观地了解学生的学习情况,提供个性化的教学支持。

2.生生互动

学生可以通过线上平台与同学进行交流和讨论,分享学习心得和体会。这有助于培养学生的团队合作精神和沟通能力。

(四)个性化教学

线上线下融合教学模式可以根据学生的兴趣爱好、身体条件和学习需求,提供个性化的教学服务。例如,对于喜欢篮球的学生,可以提供篮球专项训练和指导;对于需要提高体能的学生,可以提供针对性的体能训练计划。

(五)教学评价与反馈

在线上线下融合教学模式中,教学评价和反馈是不可或缺的环节。教师可以通过线上平台收集学生的学习数据和学习成果,进行客观、全面的评价。同时,学生也可以通过线上平台对教师的教学质量和教学效果进行反馈,帮助教师不断改进教学方法和手段。

五、线上线下融合教学模式的案例分析

我们以高校网球课程线上线下融合教学为例。在我国高等教育迈向全面深化改革与高质量发展的新时代背景下,高校体育教育正探索着特色化、多元化的教学路径。网球课程作为体育教育中的重要一环,通过线上线下混合教学的创新模式,为学生带来全新的学习体验。

(一)高校网球课程线上线下融合教学的背景介绍

1.教育数字化转型的推动

随着信息技术的飞速发展,互联网与多媒体技术在教育领域的应用日益广泛,为教育模式的创新提供了强大的动力。教育数字化转型已成为全球教育发展的必然趋势,而线上线下融合教学正是这一转型过程中的重要产物。它结合了线上教学的灵活性和线下教学的实践性,为高校网球课程带来了全新的教学模式。

2.高校网球课程教学的需求

网球课程作为大学体育教育中的重要一环,具有其独特的魅力和教育资源。然而,传统的网球教学模式往往受时间和空间的限制,无法满足学生多样化的学习需求。线上线下融合教学模式的出现,打破了这一限制,使学生可以根据自己的兴趣和学习进度进行自主学习,同时也可以在教练的指导下进行实地练习,从而提高了学习效率和学习效果。

3.高校体育教育的改革与创新

在我国高等教育迈向全面深化改革与高质量发展的新时代背景下,高校体育教育正以前所未有的活力与创造力,探索着特色化、多元化的教学路径。网球课程作为体育教育中的重要组成部分,也积极响应这一改革趋势,通过线上线下融合教学模式的创新,为学生带来更加灵活、高效的学习体验。

4.学生个性化学习的需求

现代大学生对学习的需求日益多样化,他们更加注重个性化和自主学习的体验。线上线下融合教学模式正好满足了这一需求,学生可以根据自己的实际情况选择适合的学习方式和时间,从而更加高效地掌握网球技能和知识。

5.政策支持与推动

国家层面对教育数字化转型和线上线下融合教学模式给予了大力支持。相关政策文件的出台,为高校开展线上线下融合教学提供了有力的政策保障和指导。同时,各级

教育部门和高校也积极响应政策号召,加强线上线下融合教学模式的探索和实践。

(二)高校网球课程线上线下融合教学的实施过程

高校网球课程线上线下融合教学的实施过程通常包括以下几个关键环节:

1.线上教学阶段

学生可以通过在线平台观看网球教学视频、参与互动问答社区、进行在线测试和模拟训练等。这些线上资源为学生提供了灵活多样的学习路径,包括教学资源准备和学生自主学习。教学资源准备是制作并上传网球教学视频,涵盖网球的基本技术、战术分析、比赛规则等内容。创建在线学习平台或利用现有平台(如学习管理系统、社交媒体等)发布教学资源。设立互动问答区,方便学生提问和讨论。学生自主学习是学生登录在线学习平台,观看教学视频,学习网球的基本知识和技能。学生在互动问答区提出问题,与教师或其他学生进行交流和讨论。学生完成在线测试和练习,以检验自己的学习成果。

2.线下教学阶段

在专业的网球场地进行实地练习,包括握拍、击球、步伐调整、战术布局等。同时,通过团队合作、比赛模拟等实践活动,提升学生的网球技能和团队协作能力,包括技能实操训练和身体素质训练。技能实操训练是在网球场地,教师进行现场示范和讲解,学生跟随教师进行实操训练。教师根据学生的实操情况,进行个性化指导和纠正。学生通过团队合作和比赛模拟,提升网球技能和团队协作能力。身体素质训练是教师制定身体素质训练计划,包括力量、耐力、柔韧性等方面的训练。学生在教师的指导下进行身体素质训练,以提升网球运动所需的身体素质。

3.教学方法创新

采用多元化、互动式、体验式的教学方法,激发学生的学习兴趣和潜能。例如,通过视频直播、录播回放、在线互动等方式进行线上教学;线下教学则侧重于技能训练、战术演练和实战对抗。

4.线上线下融合阶段

包括线上反馈与调整、线下巩固与提升和综合评价与反馈。线上反馈与调整是教师根据学生的线上学习情况和测试结果,进行反馈和调整教学计划。学生通过线上平台提交自己的练习视频或心得,教师进行点评和指导。线下巩固与提升是学生在线下教学中巩固线上学习的知识和技能,进一步提升网球水平。教师根据学生的线下实操情况,进行针对性的指导和纠正。综合评价与反馈是教师采用多元化的评价方式,包括线上测试、线下实操、团队合作等方面,对学生进行综合评价。教师将评价结果反馈给学生,并给出改进建议。

5. 持续优化与改进

包括收集学生反馈、更新教学资源和加强师资培训。收集学生反馈是教师通过问卷调查、访谈等方式收集学生对线上线下融合教学模式的反馈意见。根据学生反馈，不断优化和改进教学内容和方法。更新教学资源是教师定期更新线上教学资源，包括教学视频、互动问答区等。引入新的教学技术和工具，旨在提升线上线下融合教学的效果；加强师资培训是教师参加线上线下融合教学的相关培训，提升教学能力和技术水平。通过与其他高校或专业机构进行交流和合作，共同推动网球课程线上线下融合教学的发展。

（三）高校网球课程线上线下融合教学的效果

高校网球课程线上线下融合教学拓宽了学生的学习边界，促进了知识与技能的深度融合。通过线上预习新知、巩固基础，线下实践验证理论、提升技能的方式，使学习变得更加高效、有趣，提升了学生的网球技能和社会责任感，培养了学生的创新思维和实践能力。高校网球课程线上线下融合教学的效果主要体现在以下几个方面。

1. 拓宽学习边界，提升学习效率

①灵活多样的学习路径。线上平台汇聚了海量的教学资源，包括高清视频教程、互动问答社区等，为学生提供了灵活多样的学习路径。学生可以根据个人兴趣和学习进度，随时随地获取所需知识，打破了传统课堂的时空界限。②高效的学习模式。学生可以在线上预习新知、巩固基础，线下则通过实践验证理论、提升技能。这种"学中做、做中学"的循环往复，使学习变得更加高效、有趣。

2. 促进知识与技能深度融合

①理论与实践相结合。线上学习理论，线下进行实操训练，两者相辅相成，促进了知识与技能的深度融合。学生通过线上学习对网球技术动作有初步认识，线下实操则加深了对技术的理解和掌握。②技能提升显著。学生在专业网球场地进行实地练习，通过团队合作、比赛模拟等实践活动，提升了网球技能。教师根据学生的实操情况，进行个性化指导和纠正，帮助学生快速掌握技术动作。

3. 激发学生学习兴趣与潜能

①线上线下融合的教学模式注重采用多元化、互动式、体验式的教学方法。如视频直播、录播回放、在线互动等线上教学方式，以及技能训练、战术演练和实战对抗等线下教学方式。②线上线下的互动和合作，增强了学习的趣味性。学生可以在模拟的比赛环境中体验真实的竞争氛围，提升学习兴趣。

4. 提升教学质量与水平

①线上线下融合的教学模式需要一支高素质、专业化的教师团队。通过加强师资培训、优化师资结构等措施,提升了教师的教学能力和专业素养。②课程的评价方式注重过程化和个性化相结合,坚持形成性评价和结果性评价相兼顾的原则。学生参与线上学习次数、完成课后练习成绩、参与话题讨论、期末理论考试等多个环节均纳入考核评价,提升了评价的合理性、科学性。

5. 推动网球教育创新与发展

①线上线下融合的教学模式是网球教育创新的重要驱动力。它结合了线上教学的灵活性和线下教学的实践性,为网球教育带来了全新的教学模式。②促进网球教育普及。线上线下融合的教学模式降低了网球教育的门槛,使更多人能够接触到网球运动。通过线上平台的推广和宣传,吸引了更多学生参与网球课程的学习。

第二节　翻转课堂教学模式在高校体育教学中的实践

翻转课堂教学模式在高校体育教学中的实践应用,是一种创新且有效的教学方式,它借助现代信息技术手段,颠覆了传统体育教学的固有模式,为学生提供了更加自主、灵活和个性化的学习环境。

一、翻转课堂教学模式的概念

翻转课堂教学模式是一种以学生为中心的教学方法,其中教师将课堂讲授内容转移到课前自学,而将课堂时间用来引导学生进行深入思考和合作学习。它是一种通过改变教学方式来提高学习效果的方法。它将课堂内容的传授放在课前完成,而将课堂时间用于讨论、实验、练习等活动,以促进学生的主动学习和知识深入理解。在这种模式下,学生可以在课前通过自主学习和预习,了解并掌握所学知识和技能,然后在课堂上积极参与讨论、展示和实践,更加主动地参与到课堂活动中。在翻转课堂中,学生在课前通过观看教师制作的视频、动画、音频等教学资源进行学习,在课堂上则由教师引导学生进行讨论、实践、合作学习等活动,从而加深学生对知识的理解和掌握。

它是一种通过网络信息环境、信息技术将掌握学习法和群体教学法相结合的新型教学模式。它以网络平台为中介,尊重学生存在的个体差异,遵从实践中凸显的学生主体性地位,将教学的实施和评价贯穿于"课前、课中和课后"三个阶段,即课前自习、课中解疑、课后巩固。这种教学模式的特点是能够赋予学生更多自由学习、自由发挥、自由想象的空间,同时给现代体育教学开辟一条崭新的道路。

二、翻转课堂教学模式的特点

(一)颠覆了传统教学流程

传统教学模式的课堂上,教师讲授新知识,学生课后复习、做作业,学生被动接受。而在翻转课堂教学模式的课堂中,课前学生通过观看视频等教学资源自主学习新知识,课堂时间则用于深度讨论和实践操作等更具互动性和参与性的活动。

(二)注重学生的自主学习能力

翻转课堂更加注重学生的自主学习能力,要求学生利用互联网信息技术,在课前自主学习新知识。这给学生提供了很多团队合作交流的机会,增强了学生的能动性。

(三)信息技术的融合

翻转课堂利用互联网信息技术将教学地点扩展到世界各地,真正实现了随时随地学习。学生可以通过登录互联网接收教师布置的课堂作业,在家里观看教师的教学视频,还可以及时搜索相关知识点的资料。翻转课堂教学充分利用了信息技术手段,如在线视频、电子书、在线测试等,使学习资源更加丰富、多样和便捷。

(四)学生主体地位的凸显

在翻转课堂中,学生成为学习的主体,他们可以根据自己的学习进度和理解程度来安排学习时间和内容。教师则转变为学习的引导者和辅助者,负责提供学习资源、解答疑问和引导学生进行深度思考。

(五)课堂互动的增强

翻转课堂的课堂时间主要用于师生、生生之间的交流和互动,这有助于培养学生的沟通能力和团队协作精神。同时,课堂上的深度讨论和实践操作也有助于加深学生对知识的理解和应用。

(六)个性化学习的实现

翻转课堂教学模式能够根据学生的个体差异和学习需求提供个性化的学习资源和学习路径。学生可以根据自己的兴趣和学习能力来选择适合自己的学习内容和难度。

(七)教学评价的多元化

翻转课堂教学模式注重过程性评价和多元化评价,不仅关注学生的学习成果,还关注学生的学习过程和学习态度。通过多种评价方式(如自我评价、同伴评价、教师评价等)来全面评估学生的学习效果。

三、翻转课堂的实施步骤

(一)确定学习目标和课程内容

在翻转课堂的实施步骤中,确定学习目标和课程内容是两个核心环节,它们为后续的教学活动提供了明确的方向和内容。

1. 确定学习目标

包括分析课程标准、考虑学生需求、制定具体目标和确保目标可衡量等方面。分析课程标准是翻转课堂的学习目标应与课程标准紧密相连,确保教学活动符合教育部门和学校的教学要求。教师需要深入理解课程标准中的各项要求,包括知识、技能、情感态度等方面的目标。考虑学生需求是指学生的学习需求是确定学习目标的重要依据。教师应了解学生的学习基础、兴趣、学习风格等,以便制定更符合学生实际的学习目标。制定具体目标是指学习目标应具体、明确,能够指导学生的学习活动。目标可以包括知识理解、技能掌握、问题解决能力、批判性思维等方面的内容。确保目标可衡量是指学习目标应具有可衡量性,以便评估学生的学习成果。教师可以设定一些具体的评估标准或指标,用于衡量学生是否达到学习目标。

2. 确定课程内容

包括选择核心知识点、整合课程资源、设计教学活动、考虑课程难度和制定课程计划等方面内容。选择核心知识点是指根据学习目标,教师需要选择核心知识点作为课程内容的基础。这些知识点应能够支撑学习目标的实现,并具有一定的代表性和普遍性。整合课程资源是指教师可以利用多种资源来丰富课程内容,如教材、教辅资料、网络资源、实验器材等。整合这些资源可以使学生获得更全面的学习体验,提高学习效果。设计教学活动是指课程内容应包括一系列教学活动,以促进学生主动学习和合作学习。教学活动可以包括讨论、案例分析、实验操作、项目研究等,这些活动应与学习目标紧密相关。考虑课程难度是指课程内容的难度应适中,既不过于简单导致学生缺乏挑战,也不过于复杂导致学生失去信心。教师需要根据学生的实际情况和学习目标来调整课程内容的难度。制定课程计划是指在确定了学习目标和课程内容后,教师需要制定详细的课程计划。课程计划应包括教学进度、时间安排、教学方法等方面的内容,以确保教学活动的顺利进行。

（二）制作课前学习材料

在翻转课堂的实施步骤中,制作课前学习材料是非常关键的一环。课前学习材料是学生进行自主学习的基础,直接影响他们在课堂上的表现和参与度。

1. 明确教学目标和内容

教师应首先明确翻转课堂的教学目标,包括学生需要掌握的知识点、技能以及情感、态度和价值观等方面的要求。根据教学目标,选择适合翻转课堂教学模式的内容,并进行分解、组织和排列。确保所选内容既符合教学大纲的要求,又能够激发学生的学习兴趣和积极性。

2. 制作课前学习材料

包括创建教学视频、准备其他学习材料和整合学习材料。创建教学视频是深入研究教材内容和教学大纲,明确学生必须掌握的目标以及视频需要呈现的内容。收集和创建视频资源,考虑不同教师和班级的差异,以及学生的个体差异性。视频制作应简洁明了,突出重点,原则上不超过 15 分钟,以适应学生的自主学习习惯。准备其他学习材料是除了教学视频外,还应准备教学课件(如 PPT)、电子版教材、教案、教学日历等辅助材料。这些材料应简明扼要、重点突出,并与学生课前自主学习的需求相匹配。整合学习材料是将教学视频和其他学习材料进行整合,形成一个完整的学习包。确保学习包的内容结构清晰,易于学生理解和使用。

3. 优化课前学习材料

包括测试与反馈和调整与优化。测试与反馈是在课前学习材料制作完成后,进行小范围的测试,收集学生和教师的反馈意见。调整与优化是根据测试反馈,对课前学习材料进行必要的调整和优化,以确保其质量和效果。

4. 发布与分享

包括发布学习材料和提供学习指导。发布学习材料是将优化后的课前学习材料通过学校的教学平台或其他在线平台发布给学生。提供学习指导是发布学习材料时,附上学习指南或说明,帮助学生明确学习目标和要求,以及学习方法和步骤。

5. 注意事项

包括关注学生的差异性、保持与学生的互动和更新与优化。关注学生的差异性是在制作课前学习材料时,应充分考虑学生的个体差异性,如学习风格、兴趣爱好等,以提供多样化的学习资源。保持与学生的互动是在课前学习阶段,教师应通过在线平台或其他方式与学生保持互动,及时解答学生的疑问,了解学生的学习进度和困难。更新与优化是随着教学改革的深入和新技术的发展,教师应不断更新和优化课前学习材料,以适应学生的学习需求和时代的变化。

（三）安排学生在课前自学

在翻转课堂的实施步骤中，安排学生在课前自学是至关重要的环节。这一步骤旨在让学生利用课外时间自主学习新知识，从而为课堂上的深入讨论和实践活动留出更多时间。教师将课前学习材料提供给学生，并安排学生在课前进行自学。学生可以根据自己的节奏和需求来学习，遇到不懂的问题可以记录下来，以便在课堂上讨论。

1. 明确自学目标与要求

设定自学目标指教师应根据教学内容和教学大纲，明确学生课前需要掌握的知识点、技能以及自学需要达到的程度。制定自学计划是为学生提供一个清晰、具体的自学计划，包括自学时间、学习内容、学习方法和评估方式等。

2. 提供自学材料

主要包括制作教学视频、提供辅助资料和建立学习资源库。制作教学视频是创建简短、精练的教学视频，突出重点和难点，帮助学生快速理解新知识。提供辅助资料是除了视频外，还应提供电子书、PPT、教案等辅助资料，供学生查阅和学习。建立学习资源库是整合优质的网络资源，如在线课程、教学网站、学术论文等，供学生自主学习和拓展。

3. 指导自学方法

包括教授自学技巧、引导思考和鼓励合作。教授自学技巧是在课堂上或自学材料中，向学生介绍有效的自学方法，如如何做笔记、如何提问、如何查找资料等。引导思考是设置问题引导学生思考，激发他们的学习兴趣和求知欲。鼓励合作是鼓励学生之间组成学习小组，相互讨论、交流和分享学习心得。

4. 设置自学任务与反馈机制

包括布置自学任务、建立反馈机制和设立奖励机制。布置自学任务是为学生布置具体的自学任务，如阅读教材、观看视频、完成练习题等。建立反馈机制是鼓励学生通过在线平台、电子邮件等方式向教师反馈自学过程中遇到的问题和困惑。教师应及时回应并提供帮助。设立奖励机制是为激励学生积极参与自学，可通过评选优秀自学成果、给予额外学分等方式激励。

5. 监督与评估

包括跟踪自学进度、评估自学效果和调整教学策略。跟踪自学进度是通过在线平台或学习管理系统跟踪学生的自学进度，确保他们按时完成自学任务。评估自学效果是通过课堂讨论、小测验、作业等方式评估学生的自学效果，了解他们的掌握情况和学习过程中存在的问题。调整教学策略是根据评估结果,及时调整教学策略和自学材料,以更好地满足学生的学习需求。

6. 注意事项

首先关注学生的差异性。在安排自学时,应充分考虑学生的个体差异,如学习风格、兴趣爱好等,为他们提供多样化的学习资源和选择。其次保持与学生的沟通。在自学过程中,教师应与学生保持沟通,了解他们的学习进展和困难,及时提供帮助和指导。最后培养自主学习能力。翻转课堂的核心理念之一是培养学生的自主学习能力。因此,在安排自学时,应注重培养学生的独立思考、自我管理和解决问题的能力。

(四)课堂时间安排讨论、实验、练习等活动

在翻转课堂的实施步骤中,课堂时间的安排主要用于讨论、实验、练习等活动,这些活动旨在深化学生对课前所学知识的理解,提升他们的应用能力和批判性思维能力。在课堂上,教师需要引导学生进行讨论、实验、练习等活动。这些活动应紧密围绕课前学习的内容展开,以加深学生对知识的理解和掌握。

1. 讨论活动

包括组织方式、讨论内容和教师角色。组织方式是将学生分成小组,每组4~6人,以便进行深入的讨论和交流。教师可以设定一个中心议题或问题,引导学生围绕该议题展开讨论。讨论内容是学生在课前自学过程中遇到的疑难问题。课程内容中的重点、难点和争议点。与课程内容相关的实际案例或应用情境。教师角色是教师作为引导者,提出讨论问题,并适时介入,引导学生深入探讨。鼓励学生积极发言,尊重他们的观点,并适时给予反馈和点评。

2. 实验活动

包括实验目的、实验设计和实验过程。实验目的是通过实验操作,加深学生对理论知识的理解。培养学生的动手能力和实验技能。实验设计是根据课程内容,设计具有针对性和可操作性的实验。提前准备好实验器材和实验材料,确保实验顺利进行。实验过程是教师先简要介绍实验步骤和注意事项。学生分组进行实验,教师巡回指导,及时解答学生的疑问。实验结束后,学生撰写实验报告,总结实验过程和实验结果。

3. 练习活动

包括练习形式、练习目的和反馈与评估。练习形式可以是课堂练习、课后作业、在线测试等。练习内容应与课程内容紧密相关,涵盖重点、难点和易错点。练习目的是巩固学生所学知识,提升他们的解题能力和应用能力。通过练习,教师可以了解学生对知识的掌握情况,以便及时调整教学策略。反馈与评估是教师应及时批改学生的练习作业,

并给予反馈和点评。对于共性问题,可以在课堂上进行集中讲解和答疑。对于个性问题,教师可以进行个别辅导和答疑。

4. 其他活动

除了讨论、实验和练习外,翻转课堂还可以安排其他多样化的课堂活动,如案例分析、角色扮演、游戏化学习等。这些活动可以激发学生的学习兴趣,提升他们的参与度和学习效果。

5. 注意事项

首先合理规划课堂时间。教师应根据课堂内容的难易程度和学生的实际情况,合理规划课堂时间,确保各项活动能够有序进行。其次注重学生参与。教师应鼓励学生积极参与课堂活动,尊重他们的观点和想法,营造积极向上的学习氛围。最后及时反馈与评估。教师应及时对学生的课堂表现进行反馈和评估,以便了解他们的学习进度和存在的问题,及时调整教学策略和教学方法。

通过以上措施,可以有效地利用课堂时间进行讨论、实验、练习等活动,从而深化学生对课前所学知识的理解,提升他们的应用能力和批判性思维能力。

(五)课后进行巩固和评估

在翻转课堂的实施步骤中,课后进行巩固和评估是确保学生学习效果的重要环节。这一环节旨在帮助学生复习和巩固所学知识,同时评估他们的学习成果,以便教师及时调整教学策略。课后,教师需要布置适量的作业和练习,以巩固学生的学习成果。同时,教师还需要对学生的学习情况进行评估,以便及时调整教学策略和教学方法。

1. 课后巩固

包括布置作业、提供复习资料和建立学习小组。布置作业是教师根据课堂内容,布置适量的课后作业,帮助学生复习和巩固所学知识。作业内容应具有针对性和层次性,以满足不同学生的学习需求。提供复习资料是教师需要为学生提供相关的复习资料,如教学视频、PPT、教案等,以便学生随时查阅和学习。鼓励学生利用在线学习平台或资源库进行自主学习和拓展。建立学习小组是鼓励学生组成学习小组,相互讨论、交流和分享学习心得。通过小组合作,学生可以相互帮助,共同解决学习中的难题。

2. 课后评估

包括作业评估、测试评估、学生自我评价和家长反馈。作业评估是教师应及时批改学生的课后作业,并给予反馈和点评。通过作业评估,教师可以了解学生对知识的掌握情况,以便及时调整教学策略。测试评估是教师可以定期进行小测验或在线测试,以评估学生对所学知识的理解和应用能力。测试内容应具有全面性和代表性,能够反映学生的学习水平。学生自我评价是鼓励学生进行自我评价,反思自己的学习过程和成果。通过自我评价,学生可以了解自己的优点和不足,以便制定改进计划。家长反馈即教师可以与家长保持沟通,了解学生在家中的学习情况和表现。家长反馈可以作为教师评估学生学习效果的重要参考。

3. 巩固与评估的结合

包括个性化辅导、调整教学策略和建立反馈机制。个性化辅导是根据课后评估和作业反馈,教师可以为学生提供个性化的辅导和支持。针对学习困难的学生,教师可以进行个别辅导,帮助他们克服学习障碍。调整教学策略即根据课后评估和反馈结果,教师应及时调整教学策略和教学方法。通过不断优化教学策略,教师可以更好地满足学生的学习需求,提升教学效果。建立反馈机制是教师应建立有效的反馈机制,及时回应学生的问题和困惑。通过反馈机制,教师可以与学生保持沟通,了解他们的学习进展和需求,以便提供更好的教学支持。

四、翻转课堂教学模式在高校体育教学中的实践应用

翻转课堂教学模式在高校体育教学中的实践应用,主要体现在以下几个方面。

(一)课前准备与设计

翻转课堂教学模式在高校体育教学中的课前准备与设计是确保教学质量和效果的重要环节。以下是关于翻转课堂教学模式在高校体育教学中课前准备与设计的具体步骤和内容。

1. 课前准备

(1)明确教学目标与任务。教师应该与学生进行详细的沟通和交流,明确体育教学目标以及学生学习任务,确保日后的体育教学工作可以顺利开展。根据教学目标,确定教学重点和难点,为后续的视频制作和教学设计提供依据。

(2)选择与设计教学内容。确定教学的知识点,合理选择素材,并且根据教学的实际内容,对体育知识点进行有效整合。针对某一项运动的技能以及动作要领等,教师可以通过利用计算机技术中的PPT、视频编辑软件等,将相关动作进行合理的分解和演示,保证教学内容可以更加直观地呈现出来。

(3)制作教学视频与资源共享。视频资料是体育教学翻转课堂教学模式构建中不可缺少的内容,对教学有效性以及水平提升有着非常重要的意义。教师在对体育教学视频进行制作的过程中,应该对教学的时间等因素进行综合的考虑,确保制作的视频简洁明

了,能够让学生快速理解和掌握技术动作。视频内容可以包括技术动作的示范、讲解、分解练习等,同时可以加入一些比赛实例或高水平运动员的比赛视频,以激发学生的学习兴趣和动力。教师需要制作高质量的体育教学视频,涵盖网球技术动作、战术分析、比赛规则等内容。将视频上传至学校公开学习教育平台,供学生下载预习,明确下节课的学习内容。

(4)准备教学资源和工具。教师应根据教学内容和需要,准备相应的教学资源和工具,如教学课件、教学用具、场地设备等。确保线上教学平台的稳定和流畅,以便学生能够顺利观看视频和参与线上讨论。

2.教学设计

(1)设计线上学习任务。根据教学视频的内容,设计线上学习任务,如观看视频、完成预习作业、参与线上讨论等。任务设计应具有针对性和层次性,能够满足不同学生的学习需求和能力水平。

(2)制定线下教学计划。根据线上学习任务和学生的学习反馈,制定线下教学计划,包括技术动作的练习、战术的运用、比赛的模拟等。计划应注重实践性和互动性,让学生能够在实际操作中巩固和强化所学技能。

(3)设计教学互动环节。在课前准备阶段,教师应设计好教学中的互动环节,如小组讨论、提问与解答、技术动作展示等。这些环节能够激发学生的学习兴趣和积极性,同时也有助于教师了解学生的学习情况和问题,以便进行针对性的指导和帮助。

(4)确定评价方式。根据教学目标和教学内容,确定评价方式,如技术动作测试、比赛表现评价、线上学习参与度等。评价方式应具有客观性和公正性,能够真实反映学生的学习情况和水平。

(二)课中互动与讨论

翻转课堂教学模式在高校体育教学中的课中互动与讨论环节至关重要,它不仅能够加深学生对体育知识和技能的理解,还能提升他们的实践能力和团队协作能力。

1.课中互动的重要性

课中互动是翻转课堂教学模式的核心环节之一,它打破了传统体育教学单向传授的模式,使学生成为课堂的主体,积极参与讨论和实践。课中互动能让学生更深入地理解和掌握体育知识和技能,同时提升他们的自主学习能力和团队协作能力。

2.课中互动的具体形式

(1)小组讨论。教师将学生分成若干小组,每组围绕特定的体育主题或问题进行讨论。小组内成员可以相互分享自己的见解和经验,共同解决问题。教师可以在小组讨论过程中进行巡视和指导,确保讨论的顺利进行。

(2)提问与解答。鼓励学生针对教学内容提出自己的疑问和困惑。教师或其他学生可以针对这些问题进行解答和讨论,形成互动的学习氛围。通过提问与解答,学生可以更深入地理解体育知识和技能,同时提升他们的批判性思维能力。

(3)技术动作展示与纠正。学生在课堂上进行技术动作的展示,如篮球投篮、足球射门等。教师和其他学生可以对展示的技术动作进行点评和纠正,指出存在的问题和改进方向。通过技术动作的展示与纠正,学生可以更直观地了解自己的技术水平和提升空间。

(4)团队协作与比赛模拟。教师组织学生进行团队协作活动或比赛模拟,如接力赛、足球对抗赛等。在团队协作和比赛模拟中,学生可以锻炼自己的团队协作能力、沟通能力和应变能力。教师可以在活动过程中进行指导和点评,帮助学生提升团队协作能力和比赛水平。

3.课中互动与讨论的实施策略

(1)营造积极的课堂氛围。教师需要营造积极、开放、包容的课堂氛围,鼓励学生积极参与讨论和实践。通过表扬、鼓励等方式激发学生的积极性和自信心。

(2)设计有针对性的互动环节。教师需要根据教学内容和学生的实际情况设计有针对性的互动环节。互动环节应具有趣味性和挑战性,能够激发学生的学习兴趣,提升参与度。

(3)注重学生的个体差异。教师在课中互动与讨论过程中需要关注学生的个体差异。对于不同水平的学生给予不同的指导和帮助,确保每个学生都能在课堂中获得成长和提升。

(4)及时给予反馈和评价。教师在课中互动与讨论过程中需要及时给予学生反馈和评价。通过反馈和评价,学生可以了解自己的表现情况,明确改进的方向和目标。

(三)课后复习与巩固

翻转课堂教学模式在高校体育教学中的课后复习与巩固环节同样至关重要,它有助于学生对所学知识和技能进行深化理解、记忆和应用。

1.课后复习与巩固的重要性

课后复习与巩固是翻转课堂教学模式中不可或缺的一部分,它不仅能够帮助学生巩固课堂所学内容,还能提升他们的自主学习能力和解决问题的能力。通过课后复习与巩固,学生可以更好地掌握体育知识和技能,为未来的学习和实践打下坚实的基础。

2. 课后复习与巩固的具体方式

（1）观看回顾视频。教师可以录制或提供与课堂内容相关的回顾视频,供学生在课后观看。这些视频可以包括技术动作的演示、战术的讲解等,有助于学生加深对所学内容的理解。

（2）阅读相关文献或资料。教师可以推荐一些与课堂内容相关的文献、书籍或网络资源,供学生在课后阅读。通过阅读这些资料,学生可以获取更广泛的知识和信息,拓展自己的视野。

（3）完成课后作业。教师可以布置一些与课堂内容相关的课后作业,如技术动作的练习、战术的应用等。通过完成作业,学生可以巩固所学内容,提升自己的实践能力和应用能力。

（4）参与线上讨论。教师可以组织线上讨论活动,鼓励学生就所学内容进行交流和分享。通过参与讨论,学生可以了解他人的观点和见解,拓宽自己的思路,同时提升自己的表达能力和沟通能力。

（5）自我检测和反思。学生可以在课后进行自我检测和反思,评估自己对所学内容的掌握情况。通过自我检测和反思,学生可以明确自己的不足和需要改进的地方,为未来的学习提供方向和目标。

3. 课后复习与巩固的实施策略

（1）制定详细的复习计划。学生应根据自己的实际情况和所学内容制定详细的复习计划。复习计划应包括复习的时间、内容、方法和目标等,以确保复习的针对性和有效性。

（2）利用多样化的复习资源。学生应充分利用多样化的复习资源,如视频、文献、网络资源等。通过多样化的复习资源,学生可以更全面地了解所学内容,提高复习的效果。

（3）注重实践和应用。学生在课后复习与巩固过程中应注重实践和应用。通过实践和应用,学生可以更好地掌握所学内容,提升自己的实践能力和应用能力。

（4）及时寻求帮助和反馈。学生在课后复习与巩固过程中遇到问题时应及时寻求帮助和反馈。可以向教师、同学或专业人士请教,以获取更多的帮助和指导。

（四）教学效果评估

翻转课堂教学模式在高校体育教学中的教学效果评估是一个多维度、综合性的过程,旨在全面、客观地反映该教学模式对学生学习成效、教师教学效果以及教学资源利用等方面的影响。

1.评估目的

翻转课堂教学模式在高校体育教学中的评估目的主要包括:了解学生对体育知识和技能的掌握情况;评估该教学模式对学生自主学习能力、团队协作能力、批判性思维等综合素质的提升效果;检验该教学模式在体育教学中的应用效果,为进一步优化和改进提供科学依据。

2.评估内容

(1)学生学习成效评估。包括知识掌握、技能提升和自主学习能力。知识掌握是通过考试、测验等方式评估学生对体育理论知识的掌握程度。技能提升是通过技能测试、比赛模拟等方式评估学生体育技能的提升情况。自主学习能力是通过观察学生课前学习视频的完成情况、课后复习与巩固的自主性等评估学生的自主学习能力。

(2)教师教学效果评估。包括教学准备、课堂组织和学生指导。教学准备是评估教师课前准备教学视频、文献资料等教学资源的充分性和质量。课堂组织是评估教师在课堂上的组织能力和对课堂节奏的把控能力。学生指导是评估教师对学生个性化指导和辅导的准确性和有效性。

(3)教学资源利用评估。包括教学视频质量、文献资料丰富性和技术设备支持。教学视频质量是评估教学视频的清晰度、内容准确性、趣味性等。文献资料丰富性是评估提供的文献资料是否丰富、全面,能否满足学生学习需求的指标。技术设备支持是评估学校提供的技术设备是否支持翻转课堂教学模式的实施,如网络速度、多媒体设备等。

3.评估方法

(1)量化评估。采用考试、测验等量化评估方式,对学生的学习成效进行客观评分。通过统计学生课前学习视频的完成情况、课后复习与巩固的自主性等数据,评估学生的自主学习能力。

(2)质性评估。采用问卷调查、访谈等质性评估方式,收集学生和教师对翻转课堂教学模式的反馈意见。通过观察学生在课堂上的表现,如参与度、合作精神等,评估该教学模式对学生综合素质的提升效果。

(3)综合评估。将量化评估和质性评估的结果进行综合分析,形成全面的评估报告。根据评估报告,提出针对性的改进建议和优化措施。

4.评估结果应用

(1)优化教学模式。根据评估结果,对翻转课堂教学模式进行进一步优化和改进,提高教学效果。

(2)提升教师能力。针对教师在教学准备、课堂组织、学生指导等方面的不足,提供针对性的培训和支持。

（3）完善教学资源。根据评估结果，丰富和完善教学资源，提高教学视频的质量，增强文献资料的丰富性。

（4）促进学生发展。根据评估结果，为学生提供个性化的学习建议和指导，促进学生的全面发展。

五、翻转课堂教学模式在高校体育教学中的应用案例

翻转课堂教学模式在高校体育教学中的实践应用案例，充分展示了这一教学模式在提升学生自主学习能力、增强师生互动、优化教学资源配置等方面的优势。

（一）案例背景

在传统的高校体育教学中，教师通常在课堂上进行动作示范和讲解，学生则跟随模仿。然而，这种模式往往导致学生被动接受知识，缺乏主动探索和个性化学习的机会。为了改变这一现状，提升教学效果，增强学生的体育兴趣和参与度，体育教研组决定引入翻转课堂教学模式。旨在提升学生的自主学习能力、激发学习兴趣，并促进体育技能的深入掌握。该模式要求学生在课前通过视频等多媒体资源自主学习体育知识和技能，课堂时间则主要用于实践练习、问题解答和互动交流。

（二）实践过程

1. 课前准备

（1）教师制作教学视频。体育教师根据课程内容，精心制作并发布一系列体育教学视频。这些视频涵盖了体育理论知识、技术动作演示、比赛规则介绍、运动技能的动作示范、技术要点和注意事项等内容，旨在帮助学生在课前对所学内容有一个初步的了解和认识。

（2）学生自主学习。学生通过在线平台观看视频，预习课程内容，并记录下自己的疑问和困惑。学生在课前通过观看教学视频、阅读相关文献资料等方式，自主学习体育知识和技能。他们可以根据自己的节奏和兴趣选择学习内容，遇到问题时可以记录下来，以便在课堂上与教师或同学交流。

2. 课堂实践

（1）技术动作练习。在课堂上，教师首先组织学生进行技术动作的练习。学生可以根据自己的学习情况，选择适合自己的练习项目和难度。教师则在一旁进行指导和纠正，确保学生正确掌握技术动作。学生分组进行实践练习，教师巡回指导，确保每个学生都能正确掌握技能。

（2）问题解答和互动交流。教师针对学生的问题进行解答，并进行动作示范和纠正。

在练习过程中,学生可以随时向教师提问,教师则根据问题进行解答和释疑。同时,教师还鼓励学生之间进行互动交流,分享学习心得和经验。

(3)分组比赛和团队协作。教师组织学生进行小组讨论,分享预习心得,提出自己的问题。为了增强学生的团队协作能力和比赛经验,教师还组织了学生分组比赛。在比赛中,学生需要运用所学知识和技能,与队友共同完成任务。这不仅锻炼了学生的体育技能,还培养了他们的团队协作精神和竞争意识。

3.课后巩固与反馈

(1)课后复习。学生在课后需要复习巩固所学内容,包括观看教学视频、完成课后作业等。这有助于加深他们对体育知识和技能的理解和掌握。

(2)反馈与改进。学生通过在线平台提交练习视频,教师进行评价和反馈。教师收集学生的反馈意见,了解他们在学习过程中的困难和问题。根据反馈意见,教师可以对教学内容和方法进行调整和改进,以更好地满足学生的学习需求。教师根据学生的学习情况,调整后续的教学内容和难度。学生根据反馈进行针对性的练习,巩固所学技能。

(三)实践效果

1.提升学生自主学习能力

翻转课堂教学模式要求学生在课前自主学习体育知识和技能,这锻炼了学生的自主学习能力。他们可以根据自己的节奏和兴趣选择学习内容,提高了学习的积极性和主动性。

2.增强师生互动和交流

在课堂上,教师有更多的时间与学生进行互动和交流。这有助于教师更好地了解学生的学习情况,提供个性化的指导和帮助。同时,学生之间也可以进行互动交流,分享学习心得和经验,促进彼此之间的学习和成长。

3.优化教学资源配置

翻转课堂教学模式充分利用了多媒体资源和技术手段,如教学视频、文献资料等。这些资源不仅丰富了教学内容和形式,还提高了教学效果和质量。同时,该模式还优化了教学资源配置,使教师能够更高效地利用课堂时间进行教学。

(四)实践应用案例

1.以某高校网球课程为例

教师在课前制作了网球技术动作的教学视频,并上传至学校公开学习教育平台。学生在课前观看视频并尝试模仿技术动作,记录自己在预习过程中遇到的问题。在课中,教师组织学生进行分组讨论和反馈,针对学生的问题和困惑进行答疑和指导。学生还在教师的指导下进行实践练习,巩固所学技术动作。课后,教师提供线上复习资源和作业布置,学生通过线上平台进行复习和提交作业。教师还通过线上平台与学生进行交流和答疑,解决学生在课后遇到的问题。经过一个学期的实践应用,该班级学生的网球技术水平得到了显著提升,同时学生的学习积极性和自主学习能力也得到了提高。

2. 以某高校篮球课程为例

教师在课前发布了关于原地运球和行进间运球的教学视频。学生观看视频后,对动作有了初步的了解。在课堂上,教师首先组织学生进行小组讨论,分享自己的预习心得和疑问。随后,教师进行了动作示范,并指出了学生在预习中常见的错误。学生分组进行实践练习,教师在巡回指导中发现了学生 A 在行进间运球时存在步伐不协调的问题。于是,教师针对这一问题进行了详细的讲解和示范,并安排了同学之间互帮互助的练习。课后,学生 A 提交了练习视频,教师进行了评价和反馈,指出了学生 A 进步的地方和需要改进的地方。学生 A 根据反馈进行了针对性的练习,最终掌握了行进间运球的技能。

(五)案例分析

翻转课堂教学模式在高校体育教学中的实践应用案例充分展示了其优势和效果。通过课前自主学习、课堂实践练习和课后巩固反馈等环节的设计和实施,该模式有效提升了学生的自主学习能力、增强了师生互动和交流、优化了教学资源配置。这为高校体育教学提供了新的思路和方法,有助于推动体育教学的改革和创新发展。

1. 翻转课堂教学模式的优势

①提升了学生的自主学习能力。学生通过观看视频进行预习,能够主动探索和发现问题。②增强了课堂互动性。小组讨论和实践练习使学生之间、师生之间有了更多的交流和互动。③促进了技能的深入掌握。通过课后的反馈和巩固练习,学生能够更好地掌握所学技能。

2. 存在的问题与挑战

①学生的自主学习能力存在差异,部分学生可能无法有效预习和提出问题。②教师的指导和反馈需要更加精准和及时,以确保每个学生都能得到个性化的指导和帮助。

3. 改进建议

①加强对学生自主学习能力的培养。通过提供学习资源和指导方法,帮助学生提高预习效果。②优化教师的指导和反馈机制。利用在线平台和技术手段,实现更加精准和及时的指导和反馈。

第三节　个性化教学模式与智能教学系统的构建

一、个性化教学模式的内涵

个性化教学模式是指以学生为中心,根据学生的个体差异和需求,制定个性化的学习计划,提供定制化的教学服务。在数字化背景下,个性化教学模式可以充分利用数字技术,实现体育教学的智能化、个性化和高效化。个性化教学模式的内涵主要体现在以下几个方面。

(一)以学生为中心

个性化教学模式的核心在于以学生为中心,关注每个学生的个体差异和需求。这意味着教学不再是单向的知识传授,而是更加注重学生的主动参与和个性发展。教师需要了解每个学生的兴趣、能力、学习习惯等,以便为他们提供最适合的教学方法和资源。

(二)尊重个体差异

每个学生都是独一无二的个体,他们有着不同的学习风格、兴趣爱好和认知水平。个性化教学模式尊重这些差异,并努力为每个学生提供个性化的学习路径。通过了解学生的特点,教师可以为他们设计符合其个人需求的学习计划,帮助他们以最适合自己的方式学习。

(三)灵活性与多样性

个性化教学模式强调灵活性和多样性。这包括教学方法的多样性、学习资源的丰富性以及学习环境的开放性。教师需要根据学生的需求和兴趣,灵活选择教学方法和手段,如项目式学习、探究式学习、合作学习等。同时,提供多样化的学习资源,如在线课程、电子图书、虚拟实验室等,以满足学生的不同学习需求。

(四)关注学习过程与结果

个性化教学模式不仅关注学生的学习结果,还注重学习过程。教师需要定期评估学生的学习进度和表现,为他们提供及时的反馈和指导。同时,鼓励学生进行自我反思和评价,培养他们的自主学习能力和批判性思维。

(五)促进全面发展

个性化教学模式旨在促进学生的全面发展,包括知识、技能、情感态度和价值观等方面。通过个性化的教学,学生可以更好地掌握学科知识,提升实践能力和创新能力。同时,培养他们的团队合作精神、社会责任感等综合素养,为未来的学习和生活打下坚实的基础。

二、个性化教学模式的构建

(一)重要性

个性化教学模式的核心在于尊重并关注学生的个体差异,包括兴趣、体能、技能水平等多个方面。通过个性化的教学方法,教师能够更准确地把握学生的学习需求,提供有针对性的指导,从而激发学生的学习动力,提高教学效果。在体育教育领域,个性化教学有助于培养学生的体育兴趣,提高运动技能,同时也有助于塑造学生的健康体魄和积极心态。

(二)构建要素

1.数字化教学资源

数字化教学资源包括视频教程、在线课程、虚拟实验室等,为学生提供更加丰富、多样的学习体验。这些资源应涵盖各类体育项目,以满足不同学生的兴趣爱好和学习需求。

2.智能化教学辅助工具

智能化教学辅助工具如智能运动器材、智能运动监测设备等,可以实时监测学生的运动数据,为个性化教学提供数据支持。同时,这些工具还可以帮助学生更好地掌握运动技能和锻炼身体。

3.数字化教学平台

数字化教学平台平台应具备课程管理、学生管理、成绩管理等功能,并支持在线选课、在线考试、在线交流等。通过平台,教师可以实现精准教学,学生可以随时随地自主学习和锻炼。

(三)构建策略

1.数据驱动

利用大数据技术对学生的学习行为、体能水平、技能掌握程度等进行全面分析,为每个学生建立个性化的学习档案。通过数据分析,教师可以发现学生的优势和不足,从而制定更为精准的教学计划。实时跟踪学生的学习进度,及时调整教学策略,确保教学效果最大化。

2. 技术辅助

引入虚拟现实（VR）、增强现实（AR）等先进技术，为学生创造更加真实、沉浸式的体育训练环境。利用这些技术模拟复杂的运动场景，帮助学生更好地理解和掌握运动技巧。通过技术辅助，教师可以实时监控学生的训练状态，提供即时的反馈和指导。

3. 自主学习

鼓励学生利用数字化资源进行自主学习，如在线课程、教学视频等。提供多样化的学习资源，满足不同学生的学习需求和时间安排。培养学生的自主学习能力，使他们能够在课后继续深化对体育知识和技能的理解。

4. 完善课程体系

结合学生实际需求和数字化教学资源，构建多样化的体育课程体系。例如，可以开设线上体育课程、虚拟体育课程等，以满足学生不同时间、不同地点的学习需求。

5. 实施个性化教学

利用大数据分析、云计算等技术，对学生的体能状况、兴趣爱好和学习进度进行精准分析，为每位学生量身定制个性化的教学计划和课程内容。同时，通过智能化教学辅助工具实时监测学生的运动数据，及时调整训练计划和运动强度。

6. 加强互动与交流

利用数字化教学平台，加强师生之间的互动与交流。教师可以通过平台发布课程通知、布置作业、进行在线指导等；学生可以通过平台提交作业、参与讨论、提出疑问等。这种互动与交流有助于激发学生的学习兴趣，提升参与度。

7. 建立科学的评价体系

通过收集和分析学生的学习数据、运动数据等，构建科学的评价体系。评价体系应涵盖学生的学习效果、运动表现、参与度等多个方面，并注重评价的客观性和公正性。同时，评价体系还可以为教师提供反馈和建议，帮助他们不断改进教学方法和策略。

三、智能教学系统的构建

(一)定义与功能

智能教学系统是一个集成了人工智能、大数据、云计算等先进技术的智能化教育平台。它旨在通过技术手段提升体育教学的效率和质量，同时为学生提供更加个性化、高效的学习体验。其功能主要有：①智能控制。系统能够自动调整教学策略和资源分配，以适应不同学生的学习需求和进度。②实时监控与分析。通过传感器和数据分析技术，系统能够实时监测学生的学习状态和运动数据,为教师提供精准的教学反馈。③教学辅助。系统提供丰富的教学资源和工具,帮助教师更好地设计和实施教学计划。④远程管理。教师可以通过云平台远程管理教学资源和学生作业,提高教学效率。

(二)核心组成

1.智慧教学云平台

网络学习空间为学生提供了个性化的学习空间,支持在线学习、资源下载和互动答疑。在线学习是提供丰富的在线课程和学习资源,支持学生自主学习。数字资源服务为教师提供教学资源上传、共享和管理功能,方便教师备课和教学。

2.智能大脑

人工智能技术利用自然语言处理、机器学习等技术,为教学活动提供智能化的支持和辅助。大数据分析通过对学生学习数据的分析,为教师和学生提供个性化的学习建议和反馈。智能推荐是根据学生的学习情况和需求,自动推荐相关的学习资源和课程。

3.智慧教学终端

智能手环能够实时监测学生的心率、步数等运动数据,为教师提供精准的教学反馈。心率监测器专门用于监测学生的心率变化,帮助教师了解学生在运动过程中的身体状态。其他智能设备如智能摄像头、智能传感器等,用于实时监测学生的运动状态和行为表现。

(三)应用效果

1.提升教学效果

一方面定制化学习:系统能够根据学生的学习情况和需求,提供定制化的学习内容和指导,提高学习效率。另一方面可以激发学习兴趣:通过个性化的学习内容和互动答疑功能,激发学生的学习兴趣和动力。

2.优化资源配置

一方面精准匹配:通过大数据分析和人工智能技术,系统能够实现对教育资源的精准匹配和动态调整。另一方面避免浪费:系统能够实时监测资源的使用情况,避免资源的浪费和重复建设。

3.增强师生互动

一方面可以实时交流:借助智慧教学云平台,教师和学生可以随时随地进行交流和互动,提高教学效率和质量。另一方面可以个性化指导:教师可以通过系统提供的个性化学习建议和指导,为学生提供更加精准和有效的帮助。

(四)优化建议

1.加强系统安全性

确保系统数据的安全性和隐私保护,防止数据泄露和滥用。

2.提升用户体验

优化系统的界面设计和操作流程,提高用户的使用体验和满意度。

3.拓展应用场景

将智能教学系统应用于更多的教育领域和场景,如文化课教学、职业教育等。

4.持续更新迭代

根据用户反馈和技术发展,持续更新和迭代系统功能和技术架构,保持系统的先进性和竞争力。

四、个性化教学智能系统的构建

(一)系统架构

个性化教学智能系统是一个集成了多种先进技术的综合性平台,其核心架构主要包括以下几个部分。

1.前端用户界面

这是用户与系统交互的直接界面,设计应简洁友好,便于学生和教师快速上手。前端界面负责展示教学内容、学习资源、学生信息以及学习进度等关键信息,同时提供操作按钮和导航菜单,方便用户进行选择和操作。

2.后端数据处理模块

这一模块是系统的核心,负责收集、存储和分析学生的学习数据。通过大数据技术和云计算平台,系统能够实时处理大量数据,包括学习时长、学习成果、互动记录等,为智能推荐和数据分析提供有力支持。

3.智能推荐模块

该模块利用机器学习算法和人工智能技术,根据学生的学习历史、兴趣爱好、体能水平以及教师设定的教学目标,为每个学生推荐个性化的学习资源和课程。这种推荐不仅考虑了学生的学习需求,还结合了教师的教学经验,确保了推荐的准确性和有效性。

(二)功能设计

1.智能推荐功能

根据学生的学习历史、兴趣爱好、学习进度等,利用机器学习算法推荐合适的学习资源和课程。支持个性化推荐,满足不同学生的学习需求。

2.实时监控功能

监测学生的学习状态,如注意力集中程度、学习进度等。在体育训练中,监测学生的运动数据,如心率、运动强度等,确保运动安全。

3.数据分析功能

对学生的学习数据进行深入分析,生成学习报告和可视化图表。为教师提供教学反馈和建议,帮助他们优化教学策略。

4.互动学习功能

支持学生之间的在线交流和合作,如讨论区、小组学习等。提供实时互动工具,如在线问答、视频通话等。

(三)功能特点

1.智能推荐

通过深度学习和自然语言处理等技术,系统能够精准地理解学生的学习需求和兴趣,为他们提供量身定制的学习资源和课程。这种个性化的推荐方式有助于激发学生的学习兴趣,提高他们的学习效果。

2.实时监控

系统集成了智能运动监测设备,能够实时监测学生的运动数据,如心率、运动强度等。这些数据不仅有助于教师了解学生的运动状态,还能在必要时提供及时的干预和指导,确保学生的运动安全。

3.数据分析

系统对学生的学习数据进行深入分析,为教师提供教学反馈和建议。这些反馈和建议基于数据驱动,能够帮助教师更准确地了解学生的学习情况,优化教学方法和策略。

4.互动学习

系统支持学生之间的在线交流和合作,通过论坛、讨论区等功能模块,学生可以分享学习心得、提出问题并相互解答。这种互动学习方式有助于培养学生的团队协作能力和自主学习能力。

(四)技术应用和整合

(1)虚拟现实(VR)和增强现实(AR)技术为学生提供沉浸式的体育训练环境,提升训练效果。在教学中应用 VR/AR 技术,使抽象概念具体化,帮助学生更好地理解知识。

(2)大数据分析技术通过收集和分析学生的学习数据,为智能推荐和数据分析功能提供数据支持。通过大数据分析,发现学生的学习规律和趋势,为教学提供科学依据。

（3）人工智能技术利用机器学习算法进行智能推荐和数据分析。通过自然语言处理技术实现人机交互,提高系统的智能化水平。

(五)实施策略

1.加强教师培训

为了提升教师的数字化教学能力和教学设计能力,学校应定期组织教师培训活动。培训内容应包括智能教学系统的使用方法、教学设计原则以及如何利用数据分析改进教学等方面。通过培训,教师可以更好地利用智能教学系统进行个性化教学,提高教学效果。

2.完善系统功能

随着教育技术的不断发展,智能教学系统的功能也应不断优化和完善。这包括增加新的学习资源、优化用户界面设计、提升系统稳定性和安全性等方面。通过持续的功能改进,系统能够更好地满足教师和学生的多样化需求。

3.推动技术应用

应积极推广和应用新技术,如人工智能、大数据等技术,以提升智能教学系统的智能化水平和教学效率。例如,可以利用人工智能技术进行更精准的学生画像构建和智能推荐;利用大数据技术进行更全面的学习数据分析等。这些新技术的应用将有助于提高系统的智能化程度和教学效果。

(六)系统实施和优化

1.教师培训

加强教师的数字化教学能力和教学设计能力培训。指导教师如何使用个性化教学智能系统,提高教学效果。

2.系统完善和优化

不断收集用户反馈和意见,对系统进行持续改进和优化。引入新技术和新功能,保持系统的先进性和实用性。

3.安全保障

加强系统的安全防护措施,确保用户数据的安全和隐私。定期进行系统维护和升级,提高系统的稳定性和可靠性。构建个性化教学智能系统,可以为学生提供更加个性化、高效的学习体验,同时帮助教师提高教学质量和效率。

五、个性化教学智能系统实践案例

(一)案例背景

随着信息技术的快速发展,数字化教学已成为高校教育教学改革的重要方向。在体育教育中,传统的教学方式往往难以满足学生的个性化需求,导致教学效果不佳。为了提升体育教学质量,满足学生的个性化学习需求,提升学生的体质健康水平,优化体育教学资源配置,某高校体育学院决定引入数字化体育个性化教学智能系统。该系统旨在通过收集和分析学生的运动数据,为每位学生提供个性化的教学方案,从而提高学生的运动技能和身体素质。

(二)个性化教学智能系统的构建

1.硬件基础

该高校在体育馆内安装了智能运动设备,如智能跑步机、智能力量训练器等,这些设备能够实时监测学生的运动数据,如心率、运动强度、运动轨迹等。体育馆内还配备了高速摄像头和人工智能设备,用于记录学生的运动表现和成绩。

2.软件平台

该高校开发了一个数字化体育教学平台,该平台集成了智能推荐、实时监控、数据分析和互动学习等功能。学生和教师可以通过手机或电脑访问该平台,查看运动数据、学习资源和课程安排等。

(三)个性化教学智能系统的功能

1.智能推荐

根据学生的体质测试数据、运动偏好和学习目标,系统能够为学生推荐合适的体育课程和运动项目。

2.实时监控

在训练过程中,系统能够实时监测学生的运动数据,如心率、运动强度、运动轨迹等,确保学生的运动安全。

3.数据分析

系统能够对学生的运动数据进行深入分析,生成详细的运动报告,包括运动时间、消耗的卡路里、运动效果等,帮助学生了解自身的运动状况。

4.互动学习

系统提供在线交流平台,学生可以与其他同学或教师进行互动,分享学习心得和体验。

（四）个性化教学智能系统的实践应用

1. 个性化教学方案

系统根据学生的体质测试数据和运动表现，为每位学生制定了个性化的教学方案。这些方案包括针对性的训练计划、运动建议和目标设定等。例如，对于耐力较差的学生，系统推荐增加有氧运动训练；对于力量不足的学生，系统则建议增加力量训练。

2. 个性化课程推荐

系统根据学生的个人信息和运动偏好，为其推荐合适的体育课程。例如，对于喜欢篮球的学生，系统推荐了篮球技巧提升课程；对于希望增强体能的学生，系统推荐了体能训练课程。

3. 实时监控与反馈

在体育课或课外锻炼时，学生佩戴智能设备，系统能够实时监测学生的运动数据。一旦数据异常，系统会立即发出警报，提醒学生注意安全或调整运动强度。这有效避免了运动伤害的发生。在训练过程中，系统能够实时监控学生的运动数据，如心率、运动强度等。一旦数据异常，系统会立即发出警报，提醒学生注意安全或调整运动强度。每次训练结束后，系统会生成详细的运动报告，包括运动时间、消耗的卡路里、运动轨迹等，供学生和教师参考。

4. 数据分析与改进

学生可以通过手机 App 查看报告，了解自己的运动状况，并根据报告调整训练计划。同时，教师也可以通过系统查看学生的运动数据，为教学提供参考。系统定期对学生的学习数据进行深入分析，了解学生的学习进度和存在的问题。教师根据分析结果，调整教学策略和教学内容，以满足学生的个性化需求。同时，系统还会根据学生的反馈和意见，持续优化和改进功能。

5. 在线互动学习

系统提供了在线交流平台，学生可以与其他同学或教师进行互动。在平台上，学生可以分享自己的运动心得和体验，寻求帮助和建议。这种互动学习方式不仅增强了学生的学习兴趣，还提高了学生的学习效率。

（五）个性化教学智能系统的实践效果

1. 提升教学质量

通过数字化体育个性化教学智能系统的应用，教师能够更准确地了解学生的运动状况和学习需求，从而制定更加有效的教学策略。同时，系统提供的丰富教学资源也提高了教师的教学效率。

2.满足个性化需求

系统能够根据学生的个人信息和运动偏好为其推荐合适的体育课程和运动项目,满足了学生的个性化学习需求。这有助于激发学生的学习兴趣和积极性,提高学习效果。

3.增强运动安全性

通过实时监测学生的运动数据,系统能够及时发现并预警潜在的运动伤害风险,有效避免了运动伤害的发生。这保障了学生的身体健康和运动安全。

4.促进师生互动

系统提供的在线交流平台促进了师生之间的互动和交流。学生可以随时向教师提问或寻求帮助,教师也可以及时给予学生反馈和指导。这种互动方式有助于建立良好的师生关系,提高教学效果。

5.学生体质健康水平提升

通过数字化体育个性化教学智能系统的应用,学生的体质健康水平得到了显著提升。例如,学生的耐力、速度、力量等指标均有所提高。

6.学生学习积极性增强

个性化的教学方案使学生更加明确自己的训练目标和方向,激发了他们的学习积极性和参与度。学生可以根据自己的兴趣和需求选择适合自己的运动项目和课程,提高了学习的趣味性和效果。

7.教学资源优化配置

数字化体育教学平台使教学资源得到了更加合理的配置和利用。教师可以通过平台获取丰富的教学资源和数据支持,提高了教学效率和质量。同时,平台还为学生提供了便捷的学习渠道和资源获取方式,促进了学生的自主学习和全面发展。

该高校数字化体育个性化教学智能系统的实践案例表明,数字化技术和智能系统在体育教学中的应用具有广阔的前景和潜力。通过引入这些技术,可以为学生提供更加个性化、高效的学习体验,同时帮助教师优化教学策略和资源配置,提高教学质量和效果。未来,随着技术的不断发展和完善,相信数字化体育教学将在高校教育中发挥更加重要的作用。

第四节　虚拟仿真技术在体育教学中的应用

一、虚拟仿真技术

虚拟仿真技术，又称虚拟现实技术或模拟技术，是一种用一个虚拟的系统模仿另一个真实系统的技术。

（一）基本原理与构成

1. 基本原理

虚拟仿真技术利用能反映现实情况的第一人称交互场景来开展训练、实验和研究。它构建一个全系统统一的、完整的虚拟环境，并通过该环境集成与控制为数众多的实体，这些实体可以是模拟器，也可以是其他的虚拟仿真系统，还可用一些简单的数学模型表示。实体在虚拟环境中相互作用，或与虚拟环境作用，以表现客观世界的真实特征。

2. 技术构成

虚拟仿真技术主要由计算机硬件、软件以及各种传感器构成。其中，计算机硬件负责处理大量的图形和计算任务，软件则提供用户交互界面，并实现对模拟环境的控制，传感器则用于捕捉用户的动作和位置信息，以实现更加真实的交互体验。

（二）技术特点

1. 沉浸感

虚拟仿真技术能够创建出逼真的三维环境，使用户仿佛置身于一个真实的世界中。通过头戴式显示器、立体声耳机等设备，用户可以感受到虚拟环境中的视觉、听觉等感官刺激，从而增强沉浸感。

2. 交互性

用户可以通过键盘、鼠标、游戏控制器等设备与虚拟环境进行交互。例如，在虚拟实验室中，用户可以操作虚拟仪器进行实验；在虚拟驾驶模拟器中，用户可以驾驶虚拟车辆进行驾驶训练。

3. 实时性

虚拟仿真技术能够实时地响应用户的操作和虚拟环境的变化。例如，在虚拟环境中给用户一个虚幻物体一个作用力，该物体的运动就会符合力学定律，会沿着力的方向产生相应的加速度;当它遇到障碍物时,会被阻挡。

(三)应用领域

1.教育领域

虚拟仿真技术可以用于创建虚拟实验室、模拟器和游戏,帮助学生更好地理解复杂的科学原理、历史事件和抽象概念。例如,通过 VR 技术模拟历史场景,让学生身临其境地感受历史事件;通过模拟实验,让学生学习科学原理和操作技能。

2.工业领域

在产品设计和制造过程中,虚拟仿真技术可以用于模拟产品的性能和行为,预测其在实际使用中的表现。这有助于优化设计方案、提高产品质量和降低生产成本。例如,在汽车行业中,虚拟仿真技术可以用于车辆设计、碰撞测试和驾驶员培训等。

3.医疗领域

虚拟仿真技术可以用于手术模拟和训练以及药物研发和测试。通过模拟真实的人体组织和器官,医生可以在虚拟环境中进行手术训练,提高手术技能和准确度。此外,虚拟仿真技术还可以用于康复治疗和心理治疗等方面。

4.军事领域

虚拟仿真技术可以用于军事训练和战略模拟。通过模拟真实的战场环境和条件,士兵可以在虚拟环境中进行战术演练和作战训练,提高战斗技能和指挥能力。

5.娱乐领域

虚拟仿真技术在游戏和娱乐产业中具有重要作用。它可以提供逼真的虚拟环境,使玩家能够身临其境地参与游戏或娱乐体验。例如,通过 VR 游戏头盔和手柄等设备,玩家可以沉浸在虚拟的游戏世界中与敌人进行战斗或探索未知的领域。

(四)发展趋势与挑战

1.发展趋势

随着计算机技术的不断发展和进步,虚拟仿真技术也在不断更新和升级。未来,虚拟仿真技术将更加智能化、交互化和沉浸化。例如,通过引入人工智能技术和深度学习算法,虚拟仿真系统可以更加智能地响应用户的操作和虚拟环境的变化;通过引入更加先进的交互设备和传感器,虚拟仿真系统可以提供更加丰富的交互方式和更加真实的交互体验;通过引入更加逼真的图形渲染技术和物理引擎,虚拟仿真系统可以创建出更加真实的三维环境和物理效果。

2.挑战

尽管虚拟仿真技术具有广阔的应用前景和发展潜力,但它也面临着一些挑战和限制。例如,硬件设备的成本较高、虚拟环境的真实度有限、用户交互体验不够自然等问题都需要进一步解决和改进。此外,虚拟仿真技术还需要与其他技术(如大数据、云计算等)进行融合和创新,以推动其更加广泛和深入的应用。

二、虚拟仿真技术在体育教学中的优势

虚拟仿真技术在体育教学中的优势主要体现在以下几个方面。

(一)突破传统体育教学限制

传统体育教学中,场地与器材、时间与空间等限制常常成为制约教学质量和效果的瓶颈。然而,随着虚拟仿真技术的不断发展,这些限制得到了前所未有的突破。

1.场地与器材限制的突破

传统体育教学往往需要特定的场地和器材,如篮球场、足球场、游泳池、跑步机等。然而,在城市中,由于土地资源有限,许多学校无法提供足够的场地来开设所有体育课程。此外,一些特殊的体育项目,如滑雪、冲浪等,更是需要特定的场地和器材,使得这些项目难以在学校中广泛开展。虚拟仿真技术通过模拟各种体育场地和器材,打破了这一限制。学生可以在虚拟环境中进行各种体育锻炼和学习,无需实际场地和器材的支持。例如,通过虚拟仿真技术,学生可以在家中通过电脑或移动设备体验滑雪、冲浪等运动的乐趣,感受不同运动项目的独特魅力。这不仅解决了城市学校因场地限制无法开设某些体育课程的问题,还为学生提供了更加丰富的体育课程选择。

2.时间与空间限制的突破

传统体育教学往往受到时间和空间的限制。学生需要在特定的时间和地点进行体育课程的学习,这限制了他们的学习时间和学习地点的选择。然而,虚拟仿真技术使得体育教学不再受时间和空间的限制。学生可以随时随地进行虚拟仿真体育锻炼和学习,只要有电脑或移动设备以及网络连接,就可以随时进行体育课程的学习。这种灵活性为学生提供了更加便捷的学习方式,使得他们可以在任何时间、任何地点进行体育锻炼和学习。此外,虚拟仿真技术还可以为学生提供个性化的学习体验。通过分析学生的学习数据和运动数据,系统可以为他们推荐适合的学习内容和训练计划,帮助他们更好地掌握运动技能和提高身体素质。

(二)丰富教学内容与形式

1.多样化教学内容

(1)模拟传统项目。虚拟仿真技术可以精确模拟田径、体操、游泳等传统体育项目的

动作和场景,让学生在没有实际场地和器材的情况下也能进行学习和训练。特别是对于初学者,虚拟环境可以提供安全的练习空间,帮助他们逐步掌握动作要领。

(2)拓展新兴项目。除了传统项目,虚拟仿真技术还可以模拟一些新兴或特殊的体育项目,如攀岩、滑板、电子竞技等。这些项目往往因为场地、器材或安全等因素难以在学校中广泛开展,但虚拟仿真技术为它们提供了可行的学习途径。

(3)融合跨学科内容。虚拟仿真技术还可以将体育与其他学科相结合,如物理学中的运动力学、生物学中的人体运动学等。通过模拟实验和数据分析,学生可以更深入地理解体育运动的科学原理。

2.创新教学形式

(1)游戏化学习。虚拟仿真技术可以将体育教学设计成游戏化的形式,让学生在游戏中学习和掌握运动技能。例如,通过设定任务和挑战,让学生在虚拟环境中完成特定的动作或比赛,从而激发他们的学习兴趣和动力。

(2)情境化教学。虚拟仿真技术可以模拟各种真实的运动场景和情境,如奥运会、世界杯等。学生可以在这些情境中扮演不同的角色,体验不同的运动文化和氛围,从而增强他们的参与感和归属感。

(3)个性化教学。虚拟仿真技术可以根据每个学生的身体状况和技能水平进行个性化教学。通过分析学生的运动数据,系统可以为他们提供定制化的训练计划和反馈建议,帮助他们更快地提高运动水平。

(三)提高教学效果与质量

在体育教学中,提高教学效果与质量一直是教师追求的目标。随着虚拟仿真技术的不断发展,这一技术为体育教学带来了前所未有的机遇。通过实时监测与反馈、个性化教学以及降低运动风险等方式,虚拟仿真技术显著提高了体育教学的效果与质量。

1.实时监测与反馈

虚拟仿真技术能够实时监测学生的身体数据,包括运动轨迹、力量、节奏、速度等关键指标。这些数据为教师提供了更为准确、客观地评估依据,使他们能够更全面地了解学生的运动状态和技能水平。基于这些实时监测数据,教师可以及时发现学生在运动过程中存在的问题,如动作不规范、力量不足或节奏不对等。通过及时的反馈和纠正,教师可以帮助学生迅速调整运动状态,提高运动技能,从而提升教学效果。

2.个性化教学

每个学生的身体状况和技能水平都是不同的,因此,因材施教是体育教学中不可或缺的原则。虚拟仿真技术通过收集和分析学生的身体数据,可以为每个学生量身定制个性化的教学方案。在虚拟仿真环境中,系统可以根据学生的身体状况和技能水平进行适度调节,为他们提供适合自己的运动难度和节奏。这种个性化的教学方式不仅提高了学生的学习效率,还增强了他们的自信心和学习动力。

3. 降低运动风险

运动风险是体育教学中不可忽视的问题。虚拟仿真技术通过模拟各种运动场景和突发情况,让学生在虚拟环境中进行模拟练习和应对,从而降低了他们在实际运动中受伤的风险。在虚拟环境中,学生可以反复练习各种运动技能,熟悉不同场景下的应对方法。这不仅提高了他们的运动技能水平,还增强了他们的应急反应能力和自我保护意识。当学生在实际运动中遇到类似情况时,他们能够更好地应对,降低受伤的风险。

(四)促进跨学科学习与融合

在当今教育体系中,跨学科学习与融合已成为培养学生综合素养和创新能力的重要途径。虚拟仿真技术作为一种先进的教学工具,不仅为体育教学带来了革命性的变化,还促进了与其他学科的深度融合,为学生提供了更加全面、多元的学习体验。

1. 融合其他学科,培养跨学科素养

虚拟仿真技术具有强大的模拟和交互能力,能够模拟出各种复杂的运动场景和物理环境。这种技术不仅可以用于体育教学,还可以与物理、生物、计算机等其他学科进行有机融合。例如,在物理学科中,学生可以通过虚拟仿真技术了解运动物体的运动轨迹、速度、加速度等物理量,加深对力学原理的理解;在生物学科中,学生可以通过模拟人体运动过程,了解肌肉、骨骼、关节等生物结构的功能和作用;在计算机学科中,学生可以通过编程控制虚拟角色的运动,学习计算机图形学、人工智能等相关知识。通过虚拟仿真技术的融合应用,学生可以在学习体育的同时,接触到其他领域的知识,从而培养他们的跨学科素养和综合能力。这种跨学科的学习方式有助于拓宽学生的视野,提高他们的思维能力和创新能力。

2. 推动体育科研,提供科学依据和技术支持

虚拟仿真技术不仅为体育教学提供了丰富的教学资源和手段,还为体育科研提供了有力支持。通过虚拟仿真技术,科研人员可以对运动员的运动过程进行精确模拟和分析,从而揭示运动生物力学的奥秘,为运动训练提供科学依据。此外,虚拟仿真技术还可以用于运动损伤的预防和治疗。科研人员可以通过模拟运动员的运动过程,分析可能导致运动损伤的因素,并提出相应的预防措施。同时,虚拟仿真技术还可以用于康复训练,帮助受伤运动员恢复运动功能。虚拟仿真技术在体育科研中的应用,不仅推动了体育科研的发展和创新,还为体育教学提供了更多的科学依据和技术支持。这种技术的应用有

助于提高体育教学的科学性和有效性,为学生的健康成长和全面发展提供有力保障。

三、虚拟仿真技术在体育教学中的创新应用

虚拟仿真技术在体育教学中的创新应用正在逐渐改变体育教学的传统模式,为学生提供更加丰富、多样、个性化的学习体验。虚拟仿真技术在体育教学中的创新应用主要体现在以下几个方面。

(一)实现个性化教学与因材施教

虚拟仿真技术在教育领域的应用,特别是在体育教学中,正在开启个性化教学与因材施教的新篇章。这一技术通过实时监测学生的身体数据,为每个学生量身定制训练计划和反馈建议,从而实现了前所未有的个性化教学体验。虚拟仿真技术能够根据每个学生的身体状况、技能水平和兴趣爱好进行个性化教学。通过实时监测学生的身体数据,如运动轨迹、力量、节奏、速度等,系统可以为学生提供定制化的训练计划和反馈建议。这种个性化的教学方式有助于激发学生的学习兴趣,提高他们的学习效果和自信心。同时,虚拟仿真技术还可以根据学生的学习进度和反馈进行调整和优化,实现因材施教。

1. 个性化教学的实现

(1)身体数据的实时监测。虚拟仿真技术能够实时监测学生的运动轨迹、力量、节奏、速度等关键身体数据。这些数据为系统提供了精确的学生运动状态信息,是实现个性化教学的基础。

(2)定制化的训练计划。基于实时监测的身体数据,系统能够为学生生成定制化的训练计划。这些计划充分考虑了学生的身体状况、技能水平和兴趣爱好,确保了训练的针对性和有效性。

(3)智能化的反馈建议。虚拟仿真技术不仅能够提供训练计划,还能在训练过程中给出智能化的反馈建议。这些建议旨在帮助学生纠正动作、提高技能,并激发他们的学习兴趣和动力。

2. 因材施教的优势

(1)激发学生的学习兴趣。个性化的教学方式充分考虑了学生的个体差异和兴趣爱好,从而激发了他们的学习兴趣。当学生感受到自己被关注和尊重时,他们更有可能积极参与训练,并取得更好的学习效果。

(2)提高学习效果和自信心。定制化的训练计划和智能化的反馈建议能够帮助学生更快地掌握技能,提高学习效果。同时,通过不断取得进步和成功,学生的自信心也会得

到显著提升。

（3）优化教学资源配置。虚拟仿真技术使得教学资源能够根据学生的需求进行动态调整和优化。这不仅提高了资源的利用效率，还确保了每个学生都能获得最适合自己的教学资源和支持。

（4）促进师生互动与反馈。在虚拟仿真环境中，教师和学生可以实时互动，共同讨论训练计划和进展。这种互动不仅有助于建立更加紧密的师生关系，还能让学生及时获得教师的指导和反馈，从而更好地调整自己的学习策略。

（二）跨学科融合与创新

在当今这个快速变化的时代，跨学科融合与创新已成为推动教育发展的重要力量。作为一种前沿的教育工具，虚拟仿真技术正以其独特的优势，在体育教学与其他学科如物理、生物、计算机等领域的深度融合中发挥着关键作用。

1. 虚拟仿真技术促进跨学科融合

虚拟仿真技术通过模拟真实或虚构的场景，为学生提供了一个直观、互动的学习环境。在体育教学中，这种技术不仅可以模拟各种运动项目，帮助学生进行技能训练和体能提升，还可以与其他学科进行深度融合，实现知识的交叉与互补。

（1）与物理学的融合。虚拟仿真技术可以模拟各种物理现象，如力学、运动学等，帮助学生在体育学习中直观理解这些原理。例如，在跳远项目中，通过模拟不同角度和速度的跳跃，学生可以直观地看到抛物线运动轨迹的变化，从而深入理解力学原理。

（2）与生物学的融合。虚拟仿真技术可以模拟人体在运动过程中的生理变化，如心率、呼吸频率、肌肉收缩等。学生可以通过观察和分析这些生理指标，了解运动对人体各系统的影响，进而掌握科学的运动方法和健康知识。

（3）与计算机科学的融合。虚拟仿真技术的实现离不开计算机科学的支持。在学习虚拟体育场景的设计和制作过程中，学生可以接触到编程、算法、图形学等计算机科学的核心知识，培养逻辑思维和创新能力。

2. 跨学科融合的创新意义

（1）培养学生的综合素养。跨学科融合有助于学生打破学科壁垒，形成全面的知识体系。通过融合不同学科的知识和方法，学生可以更加深入地理解问题，培养综合素养和创新能力。

（2）激发学习兴趣和动力。跨学科融合使得学习内容更加丰富多样，更具趣味性和挑战性。学生可以在互动和实践中感受到学习的乐趣，从而激发学习兴趣和动力。

（3）促进教育创新和发展。跨学科融合为教育创新提供了新的思路和方法。通过不断探索和实践跨学科融合的模式和路径,可以推动教育的持续创新和发展。

(三)模拟真实运动场景

作为现代科技的杰出代表,虚拟仿真技术正逐步改变着我们的生活方式,特别是在教育领域,它正引领一场前所未有的变革。在体育教学中,虚拟仿真技术的运用更是将我们带入了一个全新的世界,使得各种真实的运动场景得以在虚拟环境中完美再现。想象一下,学生们无需离开教室,就能身临其境地参与滑雪、冲浪、攀岩等极限运动,感受风驰电掣的速度、波涛汹涌的海浪以及攀岩时的紧张刺激。这一切,都得益于虚拟仿真技术的强大功能。它利用先进的计算机图形学、人工智能和传感器技术,创造出一个与现实世界高度相似的虚拟环境,让用户仿佛置身于真实的运动场景中。

在室内和室外运动场景的模拟上,虚拟仿真技术同样表现出色。无论是篮球场的激烈对抗,还是足球场的奔跑追逐,甚至是高尔夫球场的优雅挥杆,都能通过虚拟现实设备得到完美呈现。学生们可以在这个虚拟世界中尽情挥洒汗水,享受运动的乐趣,同时又能避免实际运动中可能带来的伤害。对于有氧和无氧运动的模拟,虚拟仿真技术同样游刃有余。无论是轻松的慢跑、游泳等有氧运动,还是力量训练、举重等无氧运动,学生们都可以在虚拟环境中找到适合自己的训练方式。这种个性化的训练模式不仅有助于提高学生的运动技能,还能激发他们的运动兴趣,培养他们的运动习惯。此外,虚拟仿真技术还能实现单人和多人运动场景的模拟。无论是独自一人在虚拟环境中进行冥想、瑜伽等休闲运动,还是与同学们一起参与团队竞技、接力赛等竞技运动,都能在这个虚拟世界中得到满足。这种多样化的运动场景选择,不仅丰富了体育教学的内容,还提高了学生的参与度和满意度。最重要的是,虚拟仿真技术突破了时间和空间的限制。无论是在炎炎夏日还是寒冷冬季,学生们都能在虚拟环境中找到适合自己的运动方式。同时,他们还可以随时随地访问这些模拟场景,进行个性化的训练和学习。这种便捷性不仅提高了体育教学的效率和质量,还为学生们提供了更加灵活多样的学习方式。

总之,虚拟仿真技术在模拟真实运动场景方面的应用为体育教学带来了前所未有的创新和变革。它不仅丰富了体育教学内容,提高了教学效率和质量,还为学生们提供了一个安全、便捷、个性化的学习环境。相信随着技术的不断进步和应用的不断深化,虚拟仿真技术将在体育教学中发挥更加重要的作用。

(四)提升体育教学的互动性与趣味性

在体育教学领域,虚拟仿真技术正以其独特的优势,为传统的教学方式带来革命性的变革。虚拟仿真技术通过创建逼真的虚拟环境和互动场景,能够极大地提升体育教学的互动性和趣味性,为学生们带来全新的学习体验。学生可以在虚拟环境中与其他同学或教师进行实时互动和交流,共同完成任务和挑战。这种互动性的教学方式有助于激发学生的学习兴趣和参与度,提高他们的团队协作能力和沟通能力。同时,虚拟仿真技术还可以为学生提供丰富多彩的游戏化学习体验,使体育教学更加生动有趣。

1. 提升互动性

(1)实时互动与协作。虚拟仿真技术允许学生在虚拟环境中与其他同学或教师进行实时互动和交流。无论是团队合作的运动项目,还是竞技对抗的比赛,学生们都能通过虚拟平台实现无缝协作和竞争,从而培养他们的团队协作能力和沟通能力。

(2)个性化学习路径。虚拟仿真技术能够根据学生的技能水平和兴趣爱好,为他们提供个性化的学习路径。每个学生都可以在适合自己的难度和节奏下进行学习,与虚拟教练或其他学生进行互动,从而确保学习效果的最大化。

(3)反馈与评估。虚拟仿真技术能够实时收集和分析学生的运动数据,为他们提供即时的反馈和评估。这种即时的反馈机制有助于学生及时调整自己的动作和策略,提高学习效率。

2. 增强趣味性

(1)丰富多彩的游戏化体验。虚拟仿真技术将体育教学与游戏化元素相结合,为学生们提供了丰富多彩的游戏化学习体验。无论是模拟真实的运动比赛,还是设计有趣的运动挑战,学生们都能在虚拟环境中享受到游戏带来的乐趣和成就感。

(2)创新的教学方式。虚拟仿真技术打破了传统体育教学的单一模式,为学生们提供了更加灵活和多样的教学方式。通过虚拟仿真技术,教师们可以设计出更加富有创意和趣味性的教学活动,从而激发学生的学习兴趣和参与度。

(3)情境模拟与角色扮演。虚拟仿真技术允许学生在虚拟环境中进行情景模拟和角色扮演。学生们可以扮演不同的运动角色,体验不同的运动场景和情境,从而更加深入地理解运动规则和技巧。

(五)实时数据分析与评估

虚拟仿真技术作为一种前沿的教育与训练工具,其强大的实时数据分析与评估功能,为体育教学、运动员训练以及健康管理等领域带来了革命性的变革。通过该技术,学生的运动数据可以被实时采集、分析和评估,为教练和学生提供了宝贵的反馈和改进建议。虚拟仿真技术能够实时分析学生的运动数据,包括运动轨迹、力量、节奏、速度等,并提供详细的评估报告。这些数据可以用于评估学生的运动表现,发现潜在的问题和不足,为教练和学生提供有针对性的改进建议。此外,通过长期跟踪和分析学生的运动数据,还可以制定个性化的运动处方,帮助学生更好地管理自己的健康和运动计划。

1. 实时数据分析的功能

（1）运动轨迹分析。虚拟仿真技术能够精确捕捉并展示学生的运动轨迹，无论是直线冲刺、曲线跑动还是复杂的跳跃动作，都能以直观的方式呈现出来。这有助于教练和学生共同分析运动路径的合理性，发现潜在的优化空间。

（2）力量与节奏评估。通过传感器和算法，虚拟仿真技术可以实时测量学生在运动中的力量输出和节奏控制。力量数据包括肌肉收缩的强度、持续时间等，而节奏则体现在动作的连贯性和协调性上。这些数据为评估学生的运动效率、耐力以及技术动作的规范性提供了重要依据。

（3）速度监测。虚拟仿真技术能够实时监测学生的运动速度，包括瞬时速度和平均速度。这对于评估学生的爆发力、加速度以及整体运动表现至关重要。

2. 评估报告与改进建议

（1）详细的评估报告。基于实时采集的数据，虚拟仿真技术可以生成详细的评估报告。报告内容涵盖学生的运动表现、潜在问题、优势与不足等多个方面。报告形式可以是图表、文字描述或视频回放，以便教练和学生更直观地了解分析结果。

（2）有针对性的改进建议。根据评估报告，虚拟仿真技术可以为教练和学生提供有针对性的改进建议。这些建议可能涉及运动技巧的调整、训练计划的优化或健康管理的改进等方面。通过虚拟仿真技术的模拟训练，学生可以反复练习并验证这些改进建议的有效性。

3. 个性化运动处方与健康管理

（1）制定个性化运动处方。通过长期跟踪和分析学生的运动数据，虚拟仿真技术可以帮助学生制定个性化的运动处方。运动处方根据学生的身体状况、运动习惯和目标量身定制，旨在提高运动效果、预防运动损伤并促进学生的身心健康。

（2）健康管理支持。虚拟仿真技术还可以与健康监测设备（如智能手环、智能手表等）相结合，实时监测学生的健康指标（如心率、血压、血糖等）。这些数据为评估学生的健康状况、预测潜在风险以及制定预防措施提供了重要依据。

（六）远程教学与资源共享

虚拟仿真技术在远程教学与资源共享方面的应用，确实为教育领域带来了诸多创新和变革。通过在线平台，学生可以随时随地访问虚拟仿真教学资源，进行自主学习和训练。同时，不同地区的学校和学生可以共享虚拟仿真教学资源，促进教育资源的均衡分配和优质教育资源的普及。

1. 远程教学的实现

（1）突破时空限制。虚拟仿真技术通过在线平台，打破了传统教学的时空限制。学生不再需要局限于教室或特定地点，而是可以随时随地访问虚拟仿真教学资源，进行自主学习和训练。教师可以跨越教室、校区乃至地区，进行授课等教学活动，从而更有助于实现教育公平。

（2）丰富教学资源。虚拟仿真技术能够模拟出各种真实或虚构的实验环境和场景，为学生提供丰富多样的学习资源。这些资源涵盖了多个学科领域，如医学、工程、农业等，能够满足不同学生的学习需求。

（3）增强学习体验。虚拟仿真技术通过高度仿真的三维模型、动态交互和实时反馈，使学生仿佛置身于真实场景中，增强了学习的直观性和互动性。这种沉浸式的学习体验有助于激发学生的学习兴趣和积极性，提高学习效果。

2.资源共享的促进

（1）共享虚拟仿真教学资源。不同地区的学校和学生可以通过在线平台共享虚拟仿真教学资源，从而实现教育资源的均衡分配。这有助于缩小教育差距，推动教育公平。

（2）促进教育均衡发展。通过共享虚拟仿真教学资源，偏远地区或资源匮乏的学校也能够获得高质量的教育资源。这有助于提升这些学校的教学水平和学生的学习效果，促进教育的均衡发展。

（3）扩大优质教育资源覆盖面。虚拟仿真技术使得优质教育资源得以跨越时空限制，广泛传播和共享。这有助于扩大优质教育资源的覆盖面，使更多学生受益于高质量的教育。

四、虚拟仿真技术在体育教学中的实践应用案例

虚拟仿真技术在体育教学中的实践应用已经展现出巨大的潜力和价值，以下是一些具体的应用案例。

（一）虚拟仿真体育教学课程

以北京大学"数字体育"教学课程为例。北京大学开设了全国高校首例的"数字体育"教学课程，该课程使用 VR 等数字技术，让学生足不出校即可获得滑雪、登山、划船等丰富的运动体验。学生通过佩戴智能 VR 眼镜和手持相关设备，能够身临其境地参与各种体育运动，实现了训练体验的真实性和多样化。

1.课程背景与目的

随着科技的不断发展，虚拟仿真技术已经逐渐应用于教育领域。北京大学作为国内顶尖的高等学府，一直致力于探索科技与教育的深度融合。为了提升学生的运动体验，

丰富体育课程内容,北京大学率先开设了"数字体育"教学课程。该课程旨在通过 VR 等数字技术,让学生能够在校园内就能体验到滑雪、登山、划船等多种户外运动,从而拓宽学生的运动视野,提高学生的运动兴趣和参与度。

2. 课程实施与内容

(1)技术设备。学生需要佩戴智能 VR 眼镜和手持相关设备,如智能手环、智能单车控制器等。这些设备能够实时采集学生的运动数据,如心率、速度、力量等,并为学生提供个性化的运动建议。

(2)课程内容。学生可以在虚拟的雪场上进行滑雪训练,体验不同的滑雪技巧和路线。通过虚拟的山地环境,学生可以进行登山训练,感受不同海拔和地形的挑战。在虚拟的湖面上,学生可以划动智能划船机,体验划船的乐趣和技巧。其他运动如骑行、拳击等,学生也可以在虚拟环境中进行训练。

(3)个性化教学。根据学生的身体状况和运动能力,系统会为学生制定个性化的运动方案。学生可以根据自己的喜好和兴趣选择不同的训练内容和难度级别。

3. 课程效果与反响

(1)提升运动体验。通过虚拟仿真技术,学生在校园内就能体验到多种户外运动,大大提升了运动体验的真实性和多样性。

(2)促进身心健康。该课程不仅有助于提升学生的身体素质,还能通过虚拟环境中的互动和竞争,增强学生的心理健康和团队协作能力。

(3)受到学生欢迎。该课程自开设以来,受到了广大学生的热烈欢迎和积极参与。学生们纷纷表示,通过该课程不仅学到了更多的运动知识和技能,还感受到了科技与体育的完美结合。

未来,北京大学将继续探索和完善"数字体育"教学课程,引入更多的数字技术和运动项目,为学生提供更加丰富的运动体验和个性化的教学方式。同时,该课程也将为其他高校提供有益的借鉴和参考,推动全国高校体育教学的创新和发展。

(二)高校棒球教学虚拟仿真应用

高校棒球教学虚拟仿真应用是一项创新性的教学实践,它利用虚拟仿真技术构建了一个交互性能良好的真实棒球教学情境,有效解决了高校传统棒球教学中的不足。有的高校尝试将虚拟仿真技术应用于棒球教学中,构建了一个交互性能良好的真实棒球教学情境。该应用有效解决了高校传统棒球教学中的场地缺乏、教学课时少、规则讲解不到位、技术动作难以全面展示等问题。学生可以通过虚拟仿真平台进行反复练习,提高自主学习兴趣和实践应用能力。

1.实践内容

高校棒球教学虚拟仿真应用主要通过以下步骤实现。

（1）构建虚拟仿真平台。使用3D Studio Max和Maya等建模工具制作虚拟仿真标准棒球场场景。选用Unity3D作为虚拟仿真的开发平台，实现场景的渲染和交互。通过C++语言编写运行脚本，控制虚拟仿真平台的运行。

（2）设计功能模块。包括虚拟仿真标准棒球场景、理论学习模块和比赛场景模块。虚拟仿真标准棒球场景提供标准棒球场的全貌，让学生了解棒球场的构成。理论学习模块介绍棒球的基础知识点，包括球场规格、比赛设施、球员位置和功能等。比赛场景模块模拟棒球比赛中的规则知识，包括投球、击球、跑垒和防守截杀等内容。

2.应用效果

（1）解决传统教学中的问题。虚拟仿真平台提供了标准棒球场的虚拟环境，让学生可以在不受场地限制的情况下进行棒球学习。通过虚拟仿真平台，学生可以在课后进行反复练习，巩固所学知识。虚拟仿真平台中的理论学习模块和比赛场景模块可以帮助学生更深入地了解棒球规则和技巧。虚拟仿真平台可以模拟棒球比赛中的各种技术动作，让学生可以更直观地学习和掌握。

（2）提高自主学习兴趣和实践应用能力。虚拟仿真平台提供了丰富的学习资源和交互功能，激发了学生的学习兴趣。学生可以通过虚拟仿真平台进行反复练习和模拟比赛，提高自己的实践应用能力。

（3）促进教学效果的提升。虚拟仿真平台可以为学生提供更加直观、生动的学习体验，有助于提高学生的理解能力和记忆效果。通过虚拟仿真平台进行练习和模拟比赛，可以帮助学生更好地掌握棒球技巧和规则，提高教学效果。

3.应用实例

（1）虚拟仿真教学平台。一些高校已经建立了棒球虚拟仿真教学平台，包括棒球场场景模块、理论学习模块和比赛模块等。学生可以通过这些模块进行自主学习和实践训练，提高棒球技能水平。

（2）虚拟仿真课件。教师可以制作棒球虚拟仿真课件，将技术动作和比赛规则以三维动画的形式展示给学生。学生可以通过观看课件并进行模拟练习，加深对棒球知识和技能的理解和掌握。

（3）虚拟仿真比赛。虚拟仿真系统还可以模拟真实的棒球比赛场景，包括球员的动作、比赛规则、裁判判罚等。学生可以在虚拟环境中进行模拟比赛，提高比赛经验和团队协作能力。

高校棒球教学虚拟仿真应用是一项具有创新性和实用性的教学实践。它利用虚拟仿真技术构建了一个交互性能良好的真实棒球教学情境,有效弥补了高校传统棒球教学中的不足。通过该应用,学生可以更加直观、生动地学习棒球技巧和规则,提高自己的实践应用能力。同时,该应用也激发了学生的学习兴趣和积极性,促进了教学效果的提升。未来,随着技术的不断发展,虚拟仿真技术在高校棒球教学中的应用将会更加广泛和深入。

(三)三维蹦床运动模拟与仿真系统

该系统以数字化三维人体运动的计算机仿真技术、人体运动生物力学数据和真实人体运动数据为基础,以三维方式逼真模拟、设计蹦床技术动作。它可以模拟生成成套技术动作编排,并辅之以人体运动的动力学原理验证和分析技术动作。通过将模拟动作与实际训练动作同屏、同步对比,为蹦床运动员提供了更具指导意义的训练方式。

1. 实践内容

某高校利用数字化三维蹦床运动模拟与仿真系统,对蹦床运动员进行科学训练。该系统结合了数字化三维人体运动的计算机仿真技术、人体运动生物力学数据和真实人体运动数据,通过运动编辑技术实现技术动作的修改和成套技术动作的模拟。

2. 应用效果

该系统以数字化三维人体运动的计算机仿真技术为基础,结合人体运动生物力学数据和真实人体运动数据,逼真模拟蹦床技术动作。通过模拟生成成套技术动作编排,并辅之以人体运动的动力学原理验证和分析技术动作,为蹦床运动员提供了更具指导意义的训练方式。

(1)技术动作模拟。该系统能够逼真地模拟蹦床运动的各种技术动作,包括空翻、转体等复杂动作。模拟的动作不仅在外形上与实际动作相似,而且在运动轨迹、速度和力量等方面也具有较高的准确性。

(2)成套技术动作编排。系统可以根据蹦床运动员的训练需求,模拟生成成套的技术动作编排。这有助于运动员更好地掌握成套动作的节奏和连贯性,提高比赛成绩。

(3)动力学原理验证与分析。系统利用人体运动的动力学原理,对模拟的技术动作进行验证和分析。通过对比模拟动作与实际训练动作,可以发现运动员在技术动作上存在的问题,并为其提供更具体的改进建议。

(4)可视化分析与指导。该系统支持将模拟动作与实际训练动作进行同屏、同步对比,实现可视化的分析。教练和运动员可以直观地看到模拟动作与实际动作的差异,从而更有针对性地制定训练计划和改进措施。

(5)安全高效的训练方式。与传统的蹦床训练相比,该系统具有更高的安全性。运动员可以在虚拟环境中进行反复练习,无需担心实际训练中的风险和伤害。同时,该系统还可以根据运动员的训练进度和需求,随时调整训练内容和难度,提高训练效率。

3. 实际应用案例

中国科学院计算技术研究所曾开发和实现了一个用于辅助蹦床运动科学训练的计算机模拟与仿真软件系统 VHTrampoline。该系统通过数字化三维人体运动的计算机仿真技术、人体运动生物力学数据和真实人体运动捕获数据,以三维方式逼真模拟、设计蹦床动作,模拟生成成套技术动作编排。该系统进一步用人体运动方程分析和验证模拟结果,并基于虚拟现实方法将模拟结果与真实视频同步对比,实现可视化的分析。除了必要的交互操作外,该系统涉及的计算都是实时的。与传统训练方法相比,该系统具有直观、量化等优点,为蹦床运动员的训练提供了有力的支持。

三维蹦床运动模拟与仿真系统为蹦床运动员提供了一种科学、高效且安全的训练方式。通过该系统,运动员可以更好地掌握技术动作和成套动作编排,提高自己的比赛成绩和竞技水平。

（四）竞技体能测试训练三维虚拟实验教学系统

竞技体能测试训练三维虚拟实验教学系统是针对体育专业学生因实验条件限制无法全面学习体能测试流程的问题而引入的一种创新教学手段。

1. 实践内容

该系统主要针对体育专业学生设计,旨在通过虚拟仿真技术模拟竞技体能测试的全过程。由于传统教学中,学生可能因实验条件有限而无法充分体验和学习体能测试流程,该系统的引入解决了这一问题。学生可以在虚拟环境中进行模拟测试,从而熟悉测试流程和要求,提高测试技能和准确性。

2. 系统特点

（1）三维虚拟环境。系统采用三维虚拟技术,构建了一个逼真的竞技体能测试环境。学生可以在这个环境中进行各种体能测试,如爆发力测试、速度测试、力量测试等,从而全面了解和掌握测试流程。

（2）模拟测试设备。系统中包含了各种虚拟的体能测试设备,如爆发力测试仪器、速度测试仪器等。这些设备与现实中的设备在功能和操作上都非常相似,因此学生可以在虚拟环境中进行模拟操作,提高实际操作能力。

（3）交互性强。系统具有强大的交互性,学生可以通过与虚拟环境中的设备进行互动,完成各种测试任务。这种交互性不仅提高了学生的学习兴趣,还有助于他们更好地理解和掌握测试流程。

（4）数据记录与分析。系统能够记录学生在虚拟环境中的测试数据，并进行分析和评估。这有助于学生了解自己的测试表现，发现不足之处，并进行有针对性的改进。

3. 应用效果

（1）提高测试技能。通过虚拟仿真技术，学生可以反复进行模拟测试，从而熟悉测试流程和要求，提高测试技能和准确性。

（2）增强安全意识。在虚拟环境中进行模拟测试时，学生可以了解各种测试设备的安全操作规程，增强安全意识，避免在实际操作中发生意外。

（3）优化教学资源。该系统的引入解决了传统教学中实验条件有限的问题，使得更多的学生能够在虚拟环境中进行学习和实践，优化了教学资源。

（4）提升教学效果。通过虚拟仿真技术，学生可以更加直观地了解和掌握体能测试流程，提高了教学效果和学习效率。

4. 实际应用案例

一些高校已经成功引入了竞技体能测试训练三维虚拟实验教学系统，并取得了显著的教学效果。例如，某高校体育系在该系统的辅助下，成功举办了多次虚拟体能测试比赛，不仅提高了学生的测试技能和准确性，还增强了他们的团队协作和竞技能力。

竞技体能测试训练三维虚拟实验教学系统是一种具有创新性和实用性的教学手段。它通过虚拟仿真技术模拟了竞技体能测试的全过程，为学生提供了一个逼真的学习和实践环境。该系统的引入不仅解决了传统教学中实验条件有限的问题，还提高了教学效果和学习效率。

（五）其他应用案例

1. 虚拟网络马拉松

该系统允许个人通过计算机网络和屏幕内的虚拟场景，借助跑步机或踏步机进行健身、娱乐和竞技。这种虚拟马拉松比赛为学生提供了一个不受时间和地点限制的健身平台。参与者可以在家中或任何有网络连接的地方参与马拉松比赛，享受与真实比赛相似的体验。

2. 城市路径健身指导虚拟仿真实验

该实验由恒点（是一家虚拟仿真、实践教学体系综合服务商）与南京体育学院共同开发，旨在模拟不同健身群体、常见城市场景和典型天气环境下的健身指导。学生可以在虚拟环境中学习心电信号诊断、有氧运动能力评定、运动负荷评估等知识，并针对平台随机生成的受试对象进行个体化的有氧运动能力估测、设计适宜的健身路径和制定合理运动负荷。

第六章

数字化背景下高校体育教学评价体系构建

在数字化背景下,高校体育教学评价体系需要与时俱进,充分利用数字化技术来构建更加科学、全面、有效的评价体系,实施多元化评价方式,加强反馈与改进,并注重实践与应用。这样才能更好地促进高校体育教学的创新和发展,提高教学质量和效果。

第一节　评价体系构建的原则与目标

在数字化背景下,高校体育教学评价体系的构建应遵循一定的原则,并设定明确的目标。

一、评价体系构建的原则

(一)全面性原则

全面性原则在体育教学评价体系中至关重要,它要求评价体系必须全面覆盖体育教学的各个方面,以确保评价的全面性和准确性。

1.涵盖体育教学的各个方面

(1)学生的体能。体能是体育教学的核心目标之一,评价体系应包含对学生速度、力量、耐力、柔韧性和协调性等体能指标的评估。

(2)体育技能。体育技能是体育教学的另一个重要方面,包括运动技术、战术理解和应用能力等。评价体系应能准确反映学生在这些方面的进步和水平。

(3)学习态度。学生的学习态度直接影响体育教学的效果。评价体系应考查学生对体育课的重视程度、参与度、合作精神和自我管理能力等。

（4）情感发展。体育教学不仅仅是技能和体能的训练，还包括对学生情感发展的培养。评价体系应关注学生在体育活动中表现出的自信心、团队精神、挫折承受力和情绪管理能力等。

（5）教师的教学内容、方法、效果。评价体系也应涵盖对教师的教学内容是否丰富、教学方法是否多样、教学效果是否显著等方面的评估。这有助于教师反思和改进教学，提高教学质量。

2.注重评价的多元化

为了确保评价的全面性和准确性，评价体系应注重评价的多元化，采用多种评价手段和方式。

（1）定量评价与定性评价相结合。定量评价如体能测试成绩、技能达标率等，可以客观反映学生的体能和技能水平；而定性评价如学习态度、情感发展等，则需要通过教师观察、学生自评和互评等方式进行主观判断。

（2）过程评价与结果评价相结合。过程评价关注学生在学习过程中的表现和进步，如课堂参与度、练习次数等；结果评价则侧重于学生的学习成果，如考试成绩、比赛成绩等。将两者相结合，可以更全面地评价学生的学习效果。

（3）自我评价与同伴评价相结合。自我评价可以帮助学生了解自己的优势和不足，制定改进计划；同伴评价则可以让学生相互学习，共同进步。将自我评价与同伴评价相结合，可以提高学生的自我认知和团队协作能力。

（二）客观性原则

在构建评价体系时，客观性原则是至关重要的。它要求评价体系应基于客观数据进行评价，避免主观臆断和偏见，从而确保评价结果的公正性和准确性。

1.基于客观数据进行评价

客观数据是评价体系的基础，它反映了评价对象的真实情况。为了确保评价的客观性，评价体系应尽可能多地采用客观数据进行评价。例如，在体育教学评价体系中，可以引入学生的体能测试成绩、技能达标率等客观数据，以准确反映学生的体能和技能水平。

2.避免主观臆断和偏见

主观臆断和偏见是评价过程中的主要干扰因素，它们会严重影响评价结果的公正性和准确性。因此，在构建评价体系时，应尽可能避免主观因素的影响。具体来说，可以采取以下措施：①明确评价标准。制定清晰、具体的评价标准，确保评价过程有据可依。②标准化评价流程。对评价流程进行标准化管理，减少人为干预和主观判断的机会。

③引入第三方评价。在必要时,可以引入第三方机构或专家进行评价,以确保评价的公正性和客观性。

3.利用数字化技术提高评价的客观性和准确性

随着数字化技术的不断发展,越来越多的先进技术被应用于评价体系中,以提高评价的客观性和准确性。①大数据分析。通过收集和分析大量数据,可以发现评价对象之间的关联性和规律性,从而更准确地评价其表现。②人工智能。利用人工智能技术,可以对评价对象进行智能分析和评估,提高评价的效率和准确性。③物联网技术。通过物联网技术,可以实时监测评价对象的状态和表现,为评价提供及时、准确的数据支持。在体育教学评价体系中,可以利用数字化技术来收集学生的体能数据、技能数据等,并通过算法对这些数据进行分析和处理,从而得出更加客观、准确的评价结果。同时,还可以利用数字化技术来建立学生的个人成长档案,记录其在学习过程中的进步和变化,为评价提供更加全面的数据支持。

(三)公正性原则

公正性原则是评价体系构建中的核心原则之一,它要求评价体系必须确保评价结果的公正性,不偏袒任何一方,以保障评价的可信度和公信力。

1.确保评价结果的公正性

在评价过程中,应尽可能减少主观因素的影响,确保评价结果的客观性和准确性。同时,评价体系应能够真实反映评价对象的实际情况,不偏袒任何一方,避免评价结果出现偏差或失真。

2.建立公开透明的评价流程和标准

为了确保评价的公正性,评价体系应建立公开透明的评价流程和标准。这包括明确评价的目的、范围、方法和程序,以及制定清晰、具体的评价标准。评价流程和标准应向所有相关人员公开,以确保评价的透明度和可信度。在体育教学评价体系中,公开透明的评价流程和标准可以包括:①明确评价的目的和范围,如评价学生的体能、技能、学习态度等。②制定具体的评价标准,如体能测试的具体指标、技能达标的具体要求等。③公开评价的方法和程序,如评价的时间、地点、人员组成和评分标准等。

3.加强监督和反馈机制

为了确保评价的公正性,还应建立有效的监督和反馈机制。这包括定期对评价过程进行监督和检查,以及收集和处理评价对象的反馈意见。通过监督和反馈机制,可以及时发现和纠正评价过程中存在的问题和不足,确保评价的公正性和可信度。在体育教学评价体系中,监督和反馈机制可以包括:①定期对评价过程进行监督和检查,如检查评价人员的操作是否规范、评分标准是否一致等。②收集和处理学生的反馈意见，如学生对评价结果的认可程度、对评价流程和标准的建议等。③对评价结果进行复核和审查，确保评价结果的准确性和公正性。

(四)可操作性原则

可操作性原则是构建评价体系时不可或缺的重要考量，它确保评价体系不仅理论可行，而且在实际操作中简便易行，方便教师和学生进行自我评价和相互评价。

1.评价体系应具有可操作性

可操作性意味着评价体系的设计应充分考虑实际操作的便捷性和易用性。在构建评价体系时，应确保评价流程、方法和标准易于理解、便于操作。这有助于教师和学生更好地理解和参与评价过程，从而提高评价的效率和准确性。

2.设计简洁明了的评价表格和流程

为了降低评价的难度和复杂度，评价体系应设计简洁明了的评价表格和流程。评价表格应包含必要的评价项目和指标，同时确保结构清晰、易于填写。评价流程应简明扼要，避免烦琐的步骤和冗余的信息。在体育教学评价体系中，简洁明了的评价表格和流程可以包括：①设计包含关键评价项目和指标的评价表格，如体能测试成绩、技能达标情况、学习态度等。②制定清晰的评价流程，明确评价的时间节点、责任分工和评价标准。③提供评价表格的填写指南和示例，帮助教师和学生正确理解和填写评价表格。

3.提供必要的培训和支持

为了确保评价体系具有可操作性，还应提供必要的培训和支持。这包括向教师和学生解释评价的目的、方法和标准，以及指导他们如何正确地进行自我评价和相互评价。通过培训和支持，可以提高教师和学生对评价体系的熟悉度和掌握程度，从而增强评价的可操作性。在体育教学评价体系中，培训和支持可以包括：①组织评价体系的培训会议，向教师和学生介绍评价的目的、方法和标准。②提供评价表格的填写培训和示范，帮助教师和学生掌握正确地填写方法。③设立专门的咨询渠道，解答教师和学生在评价过程中遇到的问题和困惑。

(五)个性化原则

个性化原则是现代教育评价体系中的重要组成部分，它强调尊重学生的个性差异，鼓励学生在不同方面展现自己的特长和优势，从而促进学生全面发展。

1.尊重学生的个性差异

每个学生都是独一无二的个体，他们具有不同的兴趣爱好、学习方式和成长节奏。因此，评价体系应充分考虑学生的个性差异，避免采用"一刀切"的评价标准和方法。相反,应鼓励学生根据自己的特长和兴趣进行学习和发展,为他们提供多样化的评价机会和平台。

2.允许学生在不同方面展现特长和优势

个性化原则要求评价体系不仅关注学生的学业成绩,还应关注他们在其他方面的特长和优势。例如,在体育教学评价中,除了关注学生的体能和技能水平外,还应评价他们的团队协作能力、创新能力和领导力等。通过多样化的评价项目和方法,可以更加全面地了解学生的能力和潜力,为他们提供更加个性化的成长路径。

3.制定个性化的评价标准和方法

为了实施个性化原则,评价体系应根据学生的实际情况和需求,制定个性化的评价标准和方法。这包括根据学生的兴趣爱好、学习方式和成长目标,量身定制评价项目、指标和标准。同时,还应采用多样化的评价方法,如表现性评价、同伴评价、自我评价等,以更加全面、准确地反映学生的能力和表现。在体育教学评价体系中,个性化原则可以体现在以下几个方面:①设计多样化的评价项目,如体能测试、技能展示、团队合作比赛等,以满足不同学生的需求。②根据学生的体能和技能水平,制定个性化的评价标准,如为体能优秀的学生设置更高的达标标准,为技能较弱的学生提供更多的练习机会和反馈。③采用同伴评价和自我评价相结合的方式,鼓励学生相互学习、共同进步,同时培养他们的自我认知和反思能力。

4.提供个性化的反馈和指导

除了制定个性化的评价标准和方法外,评价体系还应提供个性化的反馈和指导。这包括根据学生的评价结果,为他们提供针对性的建议和改进措施,帮助他们更好地发挥自己的特长和优势。同时,还应关注学生的心理需求和情感状态,为他们提供必要的心理支持和情感关怀。

(六)发展性原则

发展性原则是现代教育评价体系中的核心原则之一,它强调评价体系应注重学生的全面发展和长远发展,而不仅仅是关注学生的当前表现。

1.注重学生的全面发展和长远发展

发展性原则要求评价体系不仅要关注学生的体育技能和身体素质,还要关注学生的情感态度和价值观的培养。这意味着在评价过程中,应综合考虑学生的运动技能、体能水平、团队协作能力、创新能力、领导力以及他们对体育活动的态度和价值观等方面。通过全面的评价,可以更好地了解学生的整体发展状况,为学生的未来发展提供有针对性的指导。

2.关注学生的情感态度和价值观的培养

在体育教学评价体系中,情感态度和价值观的培养同样重要。这包括学生对体育活动的兴趣、参与度、团队合作精神、公平竞争意识以及对体育精神的认同等方面。通过这些方面的评价,可以鼓励学生积极参与体育活动,培养他们的团队合作精神和公平竞争意识,同时也有助于他们形成积极健康的生活方式和人生态度。

3.通过评价促进学生的自我认知和自我提升

发展性原则还强调评价体系应能够促进学生的自我认知和自我提升。通过评价,学生可以更加清晰地了解自己的优势和不足,从而有针对性地制定改进计划,提升自己的体育技能和身体素质。同时,评价还可以帮助学生认识到自己在情感态度和价值观方面的成长和进步,增强学生的自信心和成就感。

4.为学生的未来发展奠定基础

发展性原则旨在为学生的未来发展奠定基础。通过全面的评价,教师可以更好地了解学生的整体发展状况,为他们提供有针对性的指导和建议。这有助于学生明确自己的发展方向和目标,制定适合自己的学习计划和发展路径。同时,依托评价过程中的反馈和激励,学生可以不断激发自己的潜能和动力,为自己的未来发展奠定坚实的基础。在体育教学评价体系中,实施发展性原则的具体措施可以包括:①设计包含多个维度的评价项目,如运动技能、体能水平、情感态度和价值观等,以全面反映学生的发展状况。②采用多样化的评价方法,如表现性评价、同伴评价、自我评价等,以更加全面、准确地了解学生的能力和表现。③提供个性化的反馈和指导,根据学生的评价结果,为他们提供有针对性的建议和改进措施,帮助他们更好地发挥自己的特长和优势。④鼓励学生参与评价过程,培养他们的自我评价能力和反思能力,为他们的未来发展奠定坚实的自我认知基础。

二、评价体系构建的目标

(一)提高体育教学的质量和效率

提高体育教学的质量和效率是教育领域的持续追求,而构建一个有效的评价体系则是实现这一目标的关键手段。

1.通过评价体系发现与改进教学问题

(1)客观、全面地评价。评价体系应涵盖体育教学的各个方面,包括教学计划、教学方法、学生参与度、教学效果等。通过定期收集和分析学生的表现数据、教师的教学反馈以及课堂观察记录,形成全面、客观的评价结果。

(2)发现问题与不足。根据评价结果,识别出教学中的薄弱环节,如教学方法单一、学生参与度低、教学效果不明显等。针对上述问题,进行深入分析,找出根本原因。

(3)及时调整与改进。根据分析结果,制定针对性的改进措施,如引入多样化的教学方法、增加学生互动环节、优化教学内容等。将改进措施付诸实践,并持续跟踪其效果,确保教学质量和效率的提升。

2.利用数字化技术提高评价效率与准确性

(1)数字化评价工具。采用数字化评价工具,如在线问卷、智能测评系统等,收集和分析学生的表现数据。这些工具能够自动处理数据,生成直观的评价报告,提高评价的效率和准确性。

(2)实时反馈与调整。通过数字化技术,教师可以实时获取学生的表现数据,及时发现问题并进行调整。学生也可以利用数字化平台查看自己的表现数据,进行自我反思和改进。

(3)数据驱动的教学决策。利用大数据和人工智能技术,对收集到的数据进行分析和挖掘,为教学决策提供科学依据。基于数据分析结果,教师可以制定更加精准的教学计划,提高体育教学的针对性和有效性。

(4)个性化教学支持。数字化技术还可以为学生提供个性化的学习资源和指导,帮助他们根据自己的特点和需求进行学习。通过智能推荐系统,教师可以根据学生的兴趣和能力水平,为他们推荐合适的学习内容和练习方法。

3.实践案例与效果展示

(1)智能测评系统。某学校引入了智能测评系统,对学生的体能、技能、学习态度等进行了全面评价。通过数据分析,教师发现了学生在某些方面的不足,并针对性地进行了改进。经过一段时间的实践,学生的整体表现有了显著提升。

(2)在线互动平台。某所学校利用在线互动平台,实现了师生之间的实时互动和反馈。学生可以在平台上提交作业和疑问,教师则可以在线解答和指导。这种教学方式不仅提高了学生的参与度,还促进了师生之间的沟通和交流。

(二)促进学生的全面发展

促进学生的全面发展是教育的核心目标之一,特别是在体育教学中,这一目标尤为重要。构建一个全面的评价体系,关注学生的体能、技能、学习态度、情感发展等多个方面,是实现这一目标的关键。

1.构建全面的评价体系

（1）体能与技能评价。评估学生的体能水平，包括速度、力量、耐力、柔韧性和协调性等方面。评估学生的运动技能，包括基本动作技能、专项运动技能以及运动战术的理解和应用。

（2）学习态度评价。观察学生在课堂上的参与度，包括是否积极参与活动、是否认真听讲和练习。评估学生的学习态度，包括是否持之以恒、是否勇于挑战自我、是否乐于合作和分享。

（3）情感发展评价。关注学生的情感体验，包括是否享受体育活动、是否对运动有积极的情感投入。评估学生的情绪调节能力，包括在面对挑战和失败时是否能保持积极的心态。

2.利用评价结果的反馈

（1）了解自己的优势和不足。通过评价体系，学生可以清晰地看到自己的体能、技能、学习态度和情感发展等方面的表现。教师可以引导学生分析自己的评价结果，识别出自己的优势和需要改进的地方。

（2）制定个性化的学习计划。根据评价结果，学生可以制定符合自己实际情况的学习计划，重点加强自己的薄弱环节。教师可以为学生提供个性化的指导和建议，帮助他们更好地规划自己的学习路径。

（3）设定发展目标。学生可以根据自己的评价结果，设定短期和长期的发展目标，如提高某项运动技能、达到一定的体能水平等。教师可以帮助学生设定具体、可衡量的目标，并提供定期的跟踪和反馈，确保学生能够持续进步。

3.实践案例与效果展示

（1）个性化学习计划。某学生经过评价体系发现自己的体能较弱，于是制定了针对性的训练计划，包括增加有氧运动、加强力量训练等。经过几个月的努力，他的体能水平有了显著提升。

（2）情感发展支持。另一名学生原本对体育活动缺乏兴趣，但在评价体系的引导下，他逐渐发现了运动的乐趣，并积极参与各种体育活动。通过参与团队项目和竞技比赛，他的团队合作能力和情绪调节能力也得到了锻炼和提升。

（三）推动体育教学的改革和创新

推动体育教学的改革和创新是提升体育教学质量和适应时代发展的重要途径。以下是如何通过评价体系和数字化技术来推动体育教学的改革和创新的详细策略。

1.通过评价体系发现创新点和改进点

(1)全面评估教学现状。利用评价体系,对体育教学的各个方面进行全面评估,包括教学内容、教学方法、教学资源、学生学习效果等。通过数据分析和对比,识别出当前体育教学中存在的优势、不足以及潜在的创新点。

(2)识别改进需求。根据评估结果,确定体育教学的改进方向,如优化教学内容、改进教学方法、提升教学资源等。识别出具体的改进点,如增加互动性强的教学活动、引入现代科技手段等。

(3)推动教学改革。结合评估结果和改进需求,制定详细的改革计划,明确改革目标、措施和时间表。推动改革计划的实施,确保体育教学的持续改进和创新。

2.利用数字化技术探索新的教学方法和手段

(1)引入数字化教学资源。利用数字化技术,开发丰富多样的教学资源,如在线课程、虚拟实验室、互动游戏等。这些资源可以为学生提供更加直观、生动的学习体验,提高体育教学的趣味性和吸引力。

(2)创新教学方法。结合数字化技术,探索新的教学方法,如翻转课堂、项目式学习、游戏化学习等。这些方法能够激发学生的学习兴趣,培养他们的自主学习能力和创新能力。

(3)提升教学效果。利用数字化技术,对学生的学习过程进行实时跟踪和评估,及时反馈学习成果。通过数据分析,教师可以更加精准地了解学生的学习情况,为他们提供个性化的指导和支持。

(4)增强互动性。利用数字化平台,增加师生之间的互动,如在线问答、小组讨论、虚拟竞赛等。这些互动活动能够提高学生的参与度,促进师生之间的交流和合作。

3.实践案例与效果展示

(1)数字化教学资源的应用。某学校引入了数字化教学资源,如在线体育课程和虚拟运动场景。学生可以通过这些资源在家中自主学习,提高了学习的便捷性和趣味性。同时,教师也可以利用这些资源进行远程指导和评估。

(2)创新教学方法的实施。另一所学校采用了翻转课堂的教学方法,让学生在课前通过视频等资源自主学习基础知识,然后在课堂上进行实践操作和讨论。这种方法不仅提高了学生的学习效率,还培养了他们的自主学习能力和团队协作能力。

(四)提升体育教学的社会认可度

提升体育教学的社会认可度是增强体育教育地位、推动其持续发展的关键。以下是如何通过评价体系和加强与社会的沟通来提升体育教学的社会认可度和影响力的详细策略。

1.通过评价体系展示体育教学的成果和亮点

(1)建立成果展示平台。利用学校网站、社交媒体、新闻报道等渠道,建立体育教学成果展示平台。定期发布体育教学的优秀案例、学生成就、教师风采等内容,展示体育教学的成果和亮点。

(2)组织成果展示活动。举办体育教学成果展示会、运动会、体育节等活动,邀请家长、社区成员、企业代表等社会各界人士参与。通过现场展示、互动体验、成果汇报等方式,让社会各界直观感受体育教学的魅力和价值。

(3)利用评价体系数据。通过评价体系收集和分析学生的体能、技能、学习态度等方面的数据。利用这些数据,制作体育教学成果报告,展示学生在体育教学方面的进步和成就。

2.加强与社会的沟通和联系

(1)建立沟通机制。建立学校与社区、企业、家长等社会各界的沟通机制,定期召开座谈会、研讨会等活动。通过这些活动,了解社会对体育教学的需求和期望,收集意见和建议。

(2)开展合作项目。与社区、企业等合作开展体育项目,如社区运动会、企业体育联赛等。通过合作项目,增强体育教学的社会影响力,同时为学生提供更多的实践机会和展示平台。

(3)推广体育教育理念。通过讲座、研讨会、公益活动等方式,向社会各界推广体育教育的理念和价值。强调体育教育在培养学生身心健康、团队协作能力、创新能力等方面的重要作用。

3.实践案例与效果展示

(1)成果展示活动。某学校举办了体育教学成果展示会,展示了学生在篮球、足球、田径等项目中的优秀表现。活动吸引了大量家长和社区成员的参与,提高了体育教学的社会认可度。

(2)合作项目案例。另一所学校与社区合作举办了社区运动会,吸引了众多居民和学生的参与。通过合作项目,学校不仅展示了体育教学的成果,还增强了与社区的联系和合作。

第二节　评价体系的具体内容与指标

在数字化背景下,高校体育教学评价体系的具体内容与指标应当结合现代信息技术的优势,以及体育教学的实际需求和特点来构建。

一、评价体系的具体内容

（一）体育技能评价

体育技能评价是体育教学评价体系中的重要组成部分,它主要关注学生在体育运动方面的技能和体能表现。主要包括运动技能掌握情况和体能水平评价。

1. 运动技能掌握情况

（1）评价目的。评估学生是否熟练掌握了各项体育运动的基本技能和技巧,这包括动作的准确性、连贯性、协调性等方面。

（2）评价内容。包括:①基本动作技能如跑、跳、投、掷等基本动作是否规范、准确。②专项运动技能,针对特定运动项目(如篮球、足球、田径等)的技能掌握情况,如传球、射门、起跑等技术动作。③技能运用能力,学生在实际比赛中或模拟情境中能否灵活运用所学技能,如战术配合、策略调整等。

（3）评价方法。包括观察法、测试法和自评与互评。观察法是教师或评价者通过观察学生在课堂上的练习、比赛中的表现,以及课后的练习情况,来评估学生的技能掌握情况。测试法是设计专门的技能测试项目,如篮球的定点投篮、足球的绕杆射门等,通过测试成绩来量化学生的技能水平。自评与互评是鼓励学生进行自我评价和相互评价,以了解自身技能掌握情况,并促进同学间的交流与互助。

2. 体能水平

（1）评价目的。通过测试学生的速度、力量、耐力等体能指标,评估其体能水平,为制定个性化的训练计划提供依据。

（2）评价内容。包括速度、力量和耐力。速度如 50 米跑、100 米跑等项目的测试成绩,反映学生的快速移动能力。力量如立定跳远、引体向上(男)/仰卧起坐(女)等项目的测试成绩,反映学生的肌肉力量和爆发力。耐力如 800 米跑、1500 米跑等项目的测试成绩,反映学生的持续运动能力。

（3）评价方法。包括标准化测试、个性化测试和定期监测。标准化测试是采用国家体育总局或学校制定的体能测试标准,进行统一测试,确保测试结果的准确性和可比性。个性化测试是根据学生的身体特点和训练需求,设计个性化的测试项目,以更全面地评估学生的体能水平。定期监测是定期进行体能测试,以监测学生的体能变化,及时调整训练计划。

（二）学习态度评价

学习态度评价是体育教学评价体系中至关重要的一环,它直接反映了学生对体育课程的兴趣、投入程度以及自我提升的动力。包括对课堂参与度和课后练习完成情况这两个关键方面的评价。

1. 课堂参与度

（1）评价目的。课堂参与度评价旨在了解学生在课堂上的活跃程度、专注度以及与教师和同学的互动情况，从而判断其学习态度的积极程度。

（2）评价内容。包括课堂表现、团队合作和专注度。课堂表现是观察学生是否积极参与课堂讨论，提出见解或疑问；是否主动寻求练习机会，展示所学技能。团队合作是评估学生在小组活动或团队项目中的表现，如是否积极参与、与队友有效沟通、共同完成任务。专注度是观察学生在课堂上的注意力集中情况，如是否认真听讲、观察示范、记录要点。

（3）评价方法。包括直接观察、同伴评价和自我反思。直接观察是教师通过课堂巡视、观察学生表情和动作，直接评估学生的参与度。同伴评价是鼓励学生之间互相评价，了解彼此在课堂上的表现，促进同学间的相互学习和监督。自我反思是引导学生课后进行自我反思，评估自己的课堂参与度，并思考如何改进。

2. 课后练习完成情况

（1）评价目的。课后练习完成情况评价旨在检查学生对课堂所学内容的巩固和应用情况，以及自我提升的努力程度。

（2）评价内容。包括练习频率、练习质量和反馈与调整。练习频率是记录学生课后练习的次数，评估其是否按照教师的要求进行定期练习。练习质量是检查学生课后作业的完成情况，如动作的准确性、连贯性、协调性等方面，以及是否达到预期的练习效果。反馈与调整是评估学生是否根据教师和同伴的反馈进行练习调整，不断改进自己的技能水平。

（3）评价方法。包括作业检查、家长反馈和自我评估。作业检查是教师定期收集并检查学生的课后作业，评估其练习质量和完成情况。家长反馈是鼓励家长参与课后练习的监督，并提供反馈意见，以全面了解学生的练习情况。自我评估是引导学生对自己的课后练习进行自我评价，记录练习过程中的收获和困难，以便教师提供针对性的指导和帮助。

（三）教学效果评价

教学效果评价是体育教学评价体系中的核心环节，它旨在全面、客观地评估体育教学的质量和效果，以及学生的学习成果。主要涵盖学生对体育知识的掌握程度和体能提升情况这两大关键维度。

1.学生对体育知识的掌握程度

（1）评价目的。通过考试、问卷等方式，了解学生对体育理论知识、运动规则、健康知识等的掌握情况，以评估体育教学的知识传授效果。

（2）评价内容。包括体育理论知识、运动规则与裁判法和健康知识与生活方式。体育理论知识包括运动生理学、运动心理学、运动营养学等基础知识，以及各项运动项目的规则、技巧、战术等。运动规则与裁判法是评估学生对各项运动项目的规则理解程度，以及基本的裁判知识和能力。健康知识与生活方式是评估学生对体育锻炼与健康关系的认识，以及健康饮食、作息规律等生活方式的了解。

（3）评价方法。包括闭卷考试、开卷考试或论文和问卷调查。闭卷考试是设计包含选择题、填空题、简答题等题型的试卷，测试学生对体育理论知识的掌握程度。开卷考试或论文是要求学生就某一体育主题进行深入研究，撰写论文或报告，以评估其综合运用知识的能力。问卷调查是设计问卷，了解学生对体育教学的满意度、对体育知识的兴趣点及掌握程度等。

2.体能提升情况

（1）评价目的。通过对比学生前后的体能测试数据，评估体育教学的体能训练效果，以及学生体能水平的提升情况。

（2）评价内容。包括速度、力量、耐力和柔韧性。速度如50米跑、100米跑等项目的测试成绩，反映学生的快速移动能力。力量如立定跳远、引体向上（男）/仰卧起坐（女）等项目的测试成绩，反映学生的肌肉力量和爆发力。耐力如800米跑、1500米跑或长跑等项目的测试成绩，反映学生的持续运动能力。柔韧性如坐位体前屈等项目的测试成绩，反映学生的关节灵活性和肌肉伸展能力。

（3）评价方法。包括前后对比测试、标准化测试和个性化分析。前后对比测试是在学期初和学期末分别进行体能测试，对比学生的测试数据，评估其体能提升情况。标准化测试是采用国家体育总局或学校制定的体能测试标准，确保测试结果的准确性和可比性。个性化分析是针对每个学生的体能测试数据，进行个性化分析，找出其体能提升的亮点和不足，为制定个性化的训练计划提供依据。

（四）创新能力评价

1.在体育活动中的创新表现评价

在体育活动中，鼓励学生发挥创新思维是提升其参与度、激发潜能和增强团队凝聚力的重要方式。下面是对学生在体育活动中创新表现的具体评价。

（1）新颖想法的提出。学生在体育活动中是否能主动思考，提出与传统规则或训练模式不同的新想法或建议。能否将日常生活中的经验或其他领域的知识融入体育活动中,创造出独特的玩法或训练方法。

(2)创意动作的展现。学生在完成体育动作时是否能展现出独特的个人风格或技巧,如创新的跳跃、转身、平衡等动作。是否能设计出新的动作组合或训练计划,提高训练的趣味性和效果。

(3)团队合作中的创新。在团队项目中,学生是否能提出创新的战术或配合方式,提升团队的整体表现。能否在团队中激发其他成员的创新思维,共同创造出新的玩法或训练方法。

(4)问题解决的创造性。面对体育活动中的挑战或难题,学生是否能运用创新思维找到有效的解决方案。能否在解决问题时展现出独特的思考方式和创造力。

(5)持续的创新意识。学生在体育活动中是否能持续保持创新思维,不断探索新的可能性和挑战。是否能在日常生活中也展现出对体育活动的创新兴趣和实践。

2. 收集对体育教学的改进建议

为了收集学生对体育教学的创新性意见和建议,可以采取以下措施。

(1)定期反馈调查。定期开展学生对体育教学的满意度调查,收集他们的意见和建议。在调查中加入关于创新教学的开放性问题,鼓励学生提出具体的改进建议。

(2)创意提案活动。组织创意提案活动,鼓励学生针对体育教学的某个方面提出创新性的改进建议。对优秀的提案给予奖励,激发学生的参与热情和创新动力。

(3)师生互动平台。建立师生互动平台,如微信群、QQ 群或在线论坛,让学生可以随时与教师交流意见和建议。教师可以通过平台及时回应学生的问题,共同探讨体育教学的改进方向。

(4)实践试点项目。鼓励学生将部分创新建议付诸实践,通过小范围的试点项目来检验其可行性和效果。对试点项目的成果进行评估和总结,为学生提供反馈和改进的机会。

(5)跨学科融合探索。引导学生思考如何将其他学科的知识融入体育教学中,提出跨学科的创新建议。教师可以与学生一起探索不同学科与体育之间的联系,共同推动体育教学的创新发展。

通过以上措施,可以更有效地收集学生的创新性意见和建议,推动体育教学的持续改进和创新发展。

(五)综合素质评价

1. 团队协作能力评价

在团队项目中,学生的团队协作能力是我们重点考察的方面之一。下面针对某位学生在这一方面的具体表现进行评价。

（1）积极参与度。该学生在团队项目中始终保持着高度的积极性，无论是前期的策划、讨论，还是后期的执行、总结，都能看到他的身影。他不仅按时参加每一次会议，还常常主动提出建设性的意见和建议，为团队项目的顺利进行贡献了重要力量。

（2）合作意愿。在团队中，该学生展现出了强烈的合作意愿。他能够尊重并欣赏他人的观点，愿意倾听并接受他人的建议。在面对分歧时，他能够保持冷静，通过沟通协商找到最佳的解决方案。这种良好的合作精神，使得团队内部氛围和谐，工作效率大大提高。

（3）协调能力。该学生在团队项目中还展现出了出色的协调能力。他能够清晰地分配任务，确保每个团队成员都能发挥自己的优势，同时他还能及时关注团队成员的进展和困难，给予必要的支持和帮助。这种协调能力使得团队在面对复杂任务时能够保持高效和有序。

2.竞技精神与心理素质评价

在比赛中，学生的竞技精神和心理素质同样是我们关注的焦点。下面针对某位学生在这一方面的具体表现进行评价。

（1）勇于拼搏。该学生在比赛中展现出了顽强的拼搏精神。他不畏强敌，敢于挑战自我，无论是在领先还是落后的情况下，都能保持高昂的斗志和稳定的发挥。他的这种拼搏精神不仅为团队赢得了荣誉，也激励了其他队友的斗志。

（2）心理素质。在比赛中，该学生展现出了良好的心理素质。他能够在压力下保持冷静，不被一时的失利所影响。他能够迅速调整心态，专注于比赛本身，发挥出自己的最佳水平。这种良好的心理素质使得他在关键时刻能够保持清醒和理智，为团队的胜利贡献力量。

通过以上评价，我们可以看到该学生在团队协作能力和竞技精神与心理素质方面都展现出了优秀的综合素质。他的这些优秀品质不仅为团队带来了荣誉和成就，也为个人的成长和发展奠定了坚实的基础。相信在未来的学习和生活中，他将继续保持这种积极向上的态度和精神风貌，不断追求卓越，实现自我超越。

二、评价指标的构建

（一）量化指标

1.体能测试数据

体能测试数据是衡量学生身体素质的重要指标，主要包括速度、力量、耐力等方面的测试。以下是一些具体的量化指标。

（1）速度测试。包括 50 米短跑和 100 米短跑（可选）。50 米短跑是记录学生完成 50 米短跑所需的时间（秒），用于评估学生的爆发力和速度。100 米短跑（可选）是针对高年级或高水平学生增设，同样记录所需时间（秒）。

（2）力量测试。包括立定跳远和引体向上/仰卧起坐（性别区分）。立定跳远是记录学生立定跳远的距离（米），用于评估学生的下肢力量和爆发力。引体向上/仰卧起坐（性别区分）是记录学生在规定时间内完成的引体向上或仰卧起坐次数，用于评估学生的上肢或核心力量。

（3）耐力测试。针对 800 米/1000 米跑（性别/年级区分），记录学生完成 800 米（女生）或 1000 米（男生）长跑所需的时间（分钟/秒），用于评估学生的有氧耐力和心肺功能。

2. 课堂参与度评分

课堂参与度是评估学生学习态度和互动能力的重要指标。可以从发言次数、小组讨论参与度、课堂专注度和课堂作业完成情况等方面考虑。

（1）发言次数。记录学生在课堂上主动发言的次数，每次发言可给予一定分数（如 1~5 分，根据发言质量和相关性评定）。

（2）小组讨论参与度。观察学生在小组讨论中的表现，包括是否积极参与讨论、提出建设性意见等，给予相应分数（如 1~5 分）。

（3）课堂专注度。通过教师观察或课堂监控设备，评估学生在课堂上的专注度，如是否认真听讲、做笔记等，给予相应分数（如 1~5 分）。

（4）课堂作业完成情况。课堂上布置的小任务或练习题完成情况，根据完成质量和速度给予分数（如 1~5 分）。最终，将上述各项分数相加，得到学生的课堂参与度总分。

3. 课后作业完成情况评分

课后作业是检验学生学习效果的重要途径。以下是一些量化评分的建议。

（1）作业提交率。记录学生按时提交作业的次数与总次数的比例，给予一定分数（如满分 5 分，提交率 90% 以上得 5 分，依次递减）。

（2）作业质量。根据作业的完成情况、正确率、创新性等方面给予分数（如 1~5 分）。

（3）作业反馈。观察学生是否对作业中的错误进行订正，并给出合理的解释或改进方案，给予相应分数（如 1~3 分）。

（4）额外努力。如学生主动寻求额外学习资源、完成额外作业或参与相关活动，可给予额外加分（如 1~3 分）。最终，将上述各项分数相加，得到学生的课后作业完成情况总分。

通过以上量化指标评价体系,可以更加客观、全面地评估学生的体能、课堂参与度和课后作业完成情况,为教学和管理提供有力支持。

(二)质性指标

1. 运动技能掌握情况的描述性评价

运动技能掌握情况是衡量学生在体育课程中学习效果的关键指标之一。以下是对学生运动技能掌握情况的描述性评价。

(1)技能熟练度。学生已展现出对某项运动技能的熟练掌握,动作流畅、连贯,无明显失误。无论是基本动作还是复杂技巧,学生都能准确、迅速地完成,显示出较高的技能水平。

(2)动作规范性。学生的动作符合运动项目的标准要求,每一个细节都处理得恰到好处。例如,在篮球投篮时,学生的投篮姿势标准,发力点准确,能够稳定地投中目标。

(3)技能应用与适应性。学生能够将所学技能灵活应用于实际比赛中,根据比赛情境做出正确的判断和决策。同时,学生还能快速适应不同比赛环境和对手的特点,展现出良好的应变能力和适应性。

2. 学习态度的描述性评价

学习态度是反映学生学习积极性和主动性的重要指标。以下是对学生学习态度的描述性评价。

(1)积极性与主动性。学生在课堂上表现出极高的学习积极性和主动性,总是积极参与讨论和练习,勇于提出问题和见解。学生能够主动寻求学习机会,不断挑战自己的极限。

(2)专注与认真。学生在学习过程中始终保持高度的专注和认真态度,无论是听讲、观察还是实践,都能全身心投入。学生能够仔细分析动作要领,认真对待每一次练习机会。

(3)自我反思与改进。学生在学习过程中善于进行自我反思和总结,能够及时发现自己的不足之处,并主动寻求改进方法。学生能够虚心接受老师和同学的建议,不断提高自己的技能水平。

3. 创新能力的描述性评价

创新能力是衡量学生综合素质的重要指标之一。以下是对学生创新能力的描述性评价。

(1)创新思维。学生在学习和实践中展现出较强的创新思维,能够独立思考问题,提出新颖的观点和解决方案。学生善于从不同角度思考问题,发现问题的本质和关键所在。

（2）创意实践。学生能够将创新思维转化为实际行动，通过实践探索新的运动技能和训练方法。学生能够尝试不同的练习方式和比赛策略，为团队带来新的活力和竞争力。

（3）问题解决能力。学生在面对问题和挑战时，能够迅速找到问题的根源并提出有效的解决方案。学生善于运用所学知识和技能，结合实际情况进行创造性思考和实践。

通过以上质性指标评价体系，可以更加全面、深入地了解学生在运动技能掌握、学习态度和创新能力等方面的表现情况。这些评价有助于教师更好地指导学生学习和成长，同时也为学生提供了自我反思和改进的方向。

（三）多维度评价指标

在数字化背景下，高校体育教学评价体系的构建需要充分考虑数字技术的应用以及体育教学实际的特点和需求。构建多维度评价指标体系是其中的关键一环。

1. 多维度评价指标体系构建的重要性

传统的体育教学评价主要以学生的成绩、体测成绩等为评价指标，但这些指标不能全面反映学生的运动能力和体能水平。多维度评价指标体系能够结合运动数据采集技术，全面、客观地评价学生的体育学习水平，包括身体素质、运动技能、运动习惯、运动态度等方面的指标。

2. 多维度评价指标体系的构成

（1）内部评价。包括学生自评、学生互评和教师评价。学生自评的目的是鼓励学生反思自己的学习过程和成果，培养自我认知和自我评价的能力。①学生自评的内容是学生根据自己的学习体验，对运动技能掌握情况、学习态度、创新能力等方面进行自我评估，并给出改进建议。②学生互评的目的是通过同学间的相互评价，促进学生之间的相互学习、相互激励。学生互评的内容是学生在团队合作、课堂讨论、课后作业等方面相互评价，注重发现他人的优点和不足，并提出建设性意见。③教师评价的目的是从教师的专业角度，对学生的整体表现进行全面、客观的评价。教师评价的内容是教师根据学生的课堂表现、作业完成情况、技能掌握程度、团队合作能力等方面进行评价，并给出针对性的指导和建议。

（2）外部评价。包括家长评价和社会评价。①家长评价的目的是了解家长对孩子学习情况的看法，促进家校沟通与合作。家长评价的内容是家长根据孩子的家庭表现、学习态度、课外活动等方面进行评价，并反馈给孩子和教师，共同关注孩子的成长。②社会评价的目的是通过社会实践活动、志愿服务等外部活动，了解学生在社会中的表现和影响力。社会评价的内容是根据学生在社会实践活动中的表现、团队协作能力、社会责任感等方面进行评价,并收集相关反馈,用于指导学生未来的成长方向。

（3）综合应用。主要有评价周期、评价结果汇总、反馈与改进和家校合作。①评价周期是定期（如每学期、每学年）进行多维度评价,确保评价的时效性和准确性。②评价结果汇总是将各维度的评价结果汇总,形成学生的综合评价报告,用于指导学生的学习和成长。③反馈与改进是根据评价结果,为学生提供个性化的反馈和改进建议,鼓励学生不断进步。④家校合作是加强家校沟通与合作,共同关注学生的学习和成长,形成教育合力。通过构建多维度评价指标体系,我们可以更加全面、客观地了解学生的表现,为学生提供更加个性化的教育服务,促进其全面发展。同时,也有助于加强家校合作,共同促进学生的健康成长。

3. 多维度评价指标体系的实施

（1）数据采集。利用数字化技术,如可穿戴设备、智能传感器等,实时采集学生的运动数据,包括身体素质、运动技能、运动习惯等方面的数据。

（2）数据分析。对采集到的数据进行清洗、整理和分析,运用统计学方法和数据挖掘技术,提取有价值的信息和规律,为评价体系提供科学依据。

（3）结果反馈。将分析结果及时反馈给学生和教师,帮助学生了解自己的运动水平和存在的问题,为教师制定个性化的教学计划和指导方案提供依据。

4. 多维度评价指标体系的意义

（1）提高评价的准确性和可靠性。多维度评价指标体系能够全面、客观地反映学生的运动能力和体能水平,避免了单一评价指标的片面性和局限性。

（2）促进体育教学改革和发展。通过多维度评价指标体系,教师可以更全面地了解学生的运动需求和能力水平,为制定个性化的教学计划和指导方案提供依据,推动体育教学改革和发展。

（3）提升学生的自我认知和自我评价能力。多维度评价指标体系能够让学生更全面地了解自己的运动水平和存在的问题,从而激发学生的自我提升和发展动力,提升学生的自我认知和自我评价能力。

（四）动态调整评价指标

在构建高校体育教学评价体系时,动态调整评价指标是一个至关重要的环节。这要求评价体系能够随着体育教学的实际情况和学生的学习需求变化做出相应的调整,以确保评价的准确性和有效性。

1. 动态调整评价指标

（1）实时监测与反馈。利用数字化技术,实时监测学生的运动数据和表现,包括运动技能、体能、运动习惯等。通过数据分析和反馈，及时发现学生在哪些方面存在短板或进步，从而调整评价指标，以更好地反映学生的真实水平。

（2）灵活调整权重。根据体育教学的目标和学生的学习需求，灵活调整各项评价指标的权重。例如，如果当前的教学重点是提升学生的耐力水平，那么可以适当增加耐力测试在评价体系中的权重。

（3）引入新指标。随着体育教学的发展和学生对体育需求的变化，可能需要引入新的评价指标。例如，随着心理健康在体育教育中的重要性日益凸显，可以考虑将心理韧性、抗压能力等纳入评价体系。

（4）个性化评价。针对学生的个体差异，制定个性化的评价指标。这要求评价体系能够识别并适应不同学生的运动能力和需求，从而提供更加精准和有效的评价。

2.定期修订和完善评价体系

（1）定期评估。定期对评价体系进行评估，检查其是否仍然符合体育教学的目标和学生的学习需求。这可以通过收集学生和教师的反馈、分析运动数据等方式进行。

（2）更新指标。根据评估结果，及时更新评价指标。例如，如果某些指标已经过时或不再适用于当前的教学环境，那么应该将其替换为更合适的指标。

（3）优化权重。根据体育教学的重点和学生的学习需求变化，优化各项评价指标的权重。这有助于确保评价体系能够始终准确地反映学生的真实水平。

（4）引入新技术。随着数字化技术的不断发展，可以将其应用于评价体系中，以提高评价的准确性和效率。例如，利用人工智能技术进行数据分析，可以更加精准地识别学生的运动能力和需求。

3.实施动态调整和定期修订的意义

（1）提高评价的准确性。动态调整和定期修订评价体系可以确保评价始终与体育教学的目标和学生的学习需求保持一致，从而提高评价的准确性。

（2）增强评价的灵活性。通过动态调整和定期修订，评价体系能够更好地适应体育教学的变化和学生需求的多样性，增强评价的灵活性。

（3）推动体育教学的持续改进。动态调整和定期修订评价体系有助于发现体育教学中存在的问题和不足，从而推动体育教学的持续改进和发展。

第三节 评价体系的应用与实施

一、高校体育教学评价体系应用

高校体育教学评价体系的应用,是教育信息化在体育领域的具体实践,旨在通过数字化手段提高体育教学的科学性和有效性。

(一)高校体育教学评价体系的应用场景

1.学生体育素养评价

在当前的教育环境中,学生体育素养的培养和提升已成为重要的教学目标之一。为了更全面地评估学生的体育素养,并据此提供个性化的教学方案,数字化评价体系的应用显得尤为重要。下面详细探讨如何利用数字化评价体系全面评估学生的体育素养,并根据评价结果制定个性化的教学方案。

(1)数字化评价体系在评估学生体育素养中的应用。包括体能评估、技能评估和态度评估。①体能评估是指利用智能运动设备和体质健康监测系统,实时收集学生的运动数据,如心率、运动时间、运动强度等,以科学、客观的方式评估学生的体能水平。通过定期的体质健康测试,如跑步、跳远、引体向上等项目,获取学生的具体体能指标,为后续的个性化教学提供依据。②技能评估是指借助视频分析技术,记录学生在体育项目中的技能表现,如动作规范度、协调性、反应速度等。通过数据分析,将学生的技能水平量化,形成具体的技能评估报告。③态度评估是指利用问卷调查、课堂观察等方式,收集学生对体育课程的态度反馈,如参与度、兴趣、自信心等。通过数据分析,评估学生的体育学习态度,为后续的教学调整提供参考。

(2)基于评价结果制定个性化的教学方案。包括体能提升方案、技能提升方案和态度调整方案。①体能提升方案是根据学生的体能评估结果,制定针对性的体能训练计划,如加强耐力训练、提高力量水平等。为学生提供个性化的运动处方,包括运动类型、运动强度、运动时间等,以帮助学生逐步提升体能水平。②技能提升方案是根据学生的技能评估结果,制定个性化的技能提升计划,如加强动作规范性训练、加强协调性训练等。利用视频分析技术,为学生提供技能改进的具体建议,帮助他们逐步掌握和提高运动技能。③态度调整方案是针对学生的体育学习态度,通过心理辅导、激励措施等方式,调整他们的学习态度和积极性。鼓励学生参与体育活动,培养他们的运动兴趣和自信心,提高他们对体育课程的参与度。

(3)实施因材施教的教学策略。包括分层教学、个性化指导和家校合作。①分层教学是根据学生的体能、技能水平,将学生分为不同的层次,实施分层教学。为不同层次的学生提供不同难度的教学内容和方法,以满足他们的学习需求。②个性化指导是在教学过程中,注重对学生的个性化指导,根据他们的学习特点和进度,提供有针对性的教学建议。鼓励学生根据自己的实际情况,选择适合自己的学习方式和节奏。③家校合作是加强与家长的沟通与合作,共同关注学生的体育素养培养情况。为家长提供学生的体育素养评估报告和个性化教学方案,鼓励家长在家中也关注学生的体育活动和健康状况。

2. 教师教学效果评价

教师教学效果评价是教育过程中至关重要的环节,它对于提升教学质量、促进教师专业发展具有重要意义。随着数字化技术的不断发展,通过数字化评价体系来收集和分析教师的教学数据,已成为评估教学效果和质量的有效手段。

(1)数字化评价体系在评估教师教学效果中的应用。包括数据收集和数据分析。①数据收集从学生反馈、课堂观察和教学档案入手。学生反馈是通过在线问卷、课堂互动平台等方式,收集学生对教师教学质量的直接反馈,包括授课质量、课堂互动、作业布置与批改等方面。课堂观察是利用智能课堂观察系统,对教师的教学过程进行实时记录和分析,包括教学技巧、课堂管理、学生参与度等。教学档案是整合教师的教学计划、教学大纲、教学反思等文档,形成完整的教学档案,用于评估教师的教学思路和教学效果。②数据分析从多维度分析、量化评估和可视化展示等维度切入。多维度分析是从教学内容、教学方法、课堂管理、学生参与度等多个维度,对教师的教学数据进行深入分析。量化评估是利用统计分析工具,如平均分、标准差等,对教师的教学效果进行量化评估,形成直观的评估结果。可视化展示是通过图表、仪表盘等可视化工具,将评估结果以直观、易懂的方式展示出来,便于教师和管理者理解。

(2)根据评价结果提供反馈和建议。包括个性化反馈、改进教学方法和手段和提升教学水平。①个性化反馈主要考虑针对个体和差异化建议。针对个体是针对每位教师的具体情况,提供个性化的反馈和建议,帮助他们识别教学中的优点和不足。差异化建议是根据不同学科、不同年龄段学生的特点,为教师提供差异化的教学建议,以更好地适应学生的学习需求。②改进教学方法和手段围绕创新教学方法和优化教学流程推进。创新教学方法是鼓励教师尝试新的教学方法和手段,如项目式学习、翻转课堂等,以提高学生的学习兴趣和参与度。优化教学流程是根据评估结果,帮助教师优化教学流程,提高教学效率和质量。③提升教学水平主要考虑专业发展培训和教学观摩与交流。专业发展培训是为教师提供定期的专业发展培训,帮助他们更新教学理念和方法,提升教学水平。教学观摩与交流是组织教学观摩和交流活动,让教师相互学习、借鉴优秀的教学经验和方法。

(3)数字化评价体系实施中的注意事项。①数据隐私与安全。在收集、存储和分析教师教学数据的过程中,应严格遵守数据隐私和安全规定,确保数据不被泄露或滥用。②评价标准与体系。建立科学、合理的评价标准与体系,确保评估结果的客观性和准确性。同时,随着教育技术的不断发展,应不断更新和完善评价标准与体系。③教师参与与反馈。鼓励教师积极参与数字化评价体系的实施过程,提供宝贵的意见和建议。同时,应及时向教师反馈评估结果和建议,帮助他们了解自己的教学情况并做出改进。

3.课程教学质量评价

体育课程教学质量评价是提升体育教学水平、优化课程设计、确保学生学习效果的关键环节。利用数字化评价体系,可以对体育课程进行全面、细致、客观地评估,从而为课程的优化和改进提供科学依据。

(1)数字化评价体系在体育课程教学质量评估中的应用。包括数据采集与监测和数据分析与评估。①数据采集与监测围绕学生体能与技能数据、课堂互动数据和课程反馈数据展开。学生体能与技能数据是通过体育测试、技能考核等方式,采集学生的体能指标(如跑、跳、投等)和技能掌握情况(如球类运动技巧、体操动作等)。课堂互动数据是利用智能设备或平台记录学生在课堂上的参与度、互动频率和效果,以及教师的教学方法和策略。课程反馈数据是通过问卷调查、在线评论等方式,收集学生和教师对体育课程的反馈意见,包括课程内容、教学安排、设施设备等。②数据分析与评估围绕多维度分析、量化评估和趋势预测三个维度展开。多维度分析是从体能提升、技能掌握、课堂参与度、教学满意度等多个维度对体育课程进行综合分析。量化评估是通过统计分析和数据挖掘技术,将学生的体能和技能数据转化为量化指标,如平均分、增长率等,以直观展示教学效果。趋势预测是基于历史数据,利用机器学习算法预测学生体能和技能的发展趋势,为课程调整提供依据。

(2)根据评估结果优化和改进体育课程。包括课程内容优化、教学方法改进、教学设施与资源升级和教师能力提升。①课程内容优化主要从调整教学难度和丰富教学项目进行分析。调整教学难度是根据学生的学习进度和能力水平,适时调整课程内容的难度和深度,确保每位学生都能在挑战与适中之间找到平衡。丰富教学项目是结合学生兴趣和市场需求,引入更多元化的体育项目,如新兴运动、传统运动等,以满足不同学生的需求。②教学方法改进主要从个性化教学和技术融合分析。个性化教学是根据学生的学习特点和需求,采用个性化教学策略,如分层教学、小组合作等,以提高教学效果。技术融合是利用现代科技手段,如虚拟现实、增强现实等,为学生提供更加生动、直观的学习体验。③教学设施与资源升级主要从完善体育设施和丰富教学资源两方面分析。完善体育设施是根据评估结果,对体育设施进行升级和维护,确保学生能够在安全、舒适的环境中进行体育活动。丰富教学资源是引入更多优质的教学资源,如教材、视频、在线课程等,为学生提供更加全面的学习支持。④教师能力提升主要从定期培训和教学交流两方面分析。定期培训是为教师提供定期的培训和进修机会,帮助他们更新教学理念和方法,提升教学能力和水平。教学交流是组织教学交流和研讨活动,让教师分享教学经验和方法,相互学习、共同进步。

(3)数字化评价体系实施中的注意事项。包括数据隐私与安全、评估结果的客观性与公正性和持续改进与反馈。①数据隐私与安全指在采集、存储和分析学生数据时,应严格遵守相关法律法规和隐私政策,确保学生数据的隐私和安全。②评估结果的客观性与公正性指需建立科学、合理的评估指标和权重分配,确保评估结果的客观性和公正性。同时,避免过度依赖单一数据源或评估指标。③持续改进与反馈是将评估结果作为课程优化和改进的起点,而不是终点。持续收集学生和教师的反馈意见,不断调整和优化课程内容和教学方法。

4.教学资源管理

教学资源管理是学校和教育机构提升教学质量、优化学习环境的关键环节。通过数字化评价体系来了解教学资源的利用情况和需求情况,并根据评价结果来合理配置教学资源,可以显著提高资源的利用效率和效果。

(1)数字化评价体系在教学资源管理中的应用。包括数据收集与整理、建立数字化评价模型和需求预测与反馈。①数据收集与整理是通过数字化手段,如在线问卷、教学管理系统等,收集各类教学资源的使用数据。对收集到的数据进行整理和分析,形成教学资源利用情况的报告。②建立数字化评价模型是根据教学资源的类型、用途、使用频率等因素,建立数字化评价模型。利用该模型对教学资源进行量化评价,得出具体的评价分数或等级。③需求预测与反馈是结合教学资源利用情况的报告和数字化评价模型的结果,预测未来一段时间内的教学资源需求。将预测结果反馈给相关部门和人员,为教学资源的合理配置提供依据。

(2)根据评价结果合理配置教学资源。包括识别资源缺口与冗余、制定配置计划、实施配置与调整和监控与评估。①识别资源缺口与冗余是通过数字化评价体系的结果,识别出当前教学资源中存在的缺口和冗余。缺口可能表现为某些类型的教学资源数量不足或质量不高,而冗余则可能表现为某些资源被过度配置或闲置不用。制定配置计划是根据资源缺口与冗余的识别结果,制定教学资源的配置计划。②配置计划应明确各类资源的配置数量、配置时间、配置方式等具体细节。③实施配置与调整是按照配置计划,逐步实施教学资源的配置工作。在配置过程中,根据实际情况进行必要的调整和优化,确保资源的合理配置和有效利用。④监控与评估是对教学资源的配置情况进行持续的监控和评估。通过数字化评价体系,及时发现资源配置中存在的问题和不足,并采取相应的措施进行改进和优化。

(3)提高教学资源利用效率和效果。包括优化资源配置结构、提升资源质量、促进资源共享与利用和加强教师培训与支持。①优化资源配置结构是通过数字化评价体系的结果,不断优化教学资源的配置结构。确保各类资源之间的比例关系合理,满足教学和学习的实际需求。②提升资源质量是加强对教学资源的审核和管理,确保资源的质量符合相关标准和要求。通过数字化手段,对资源进行定期的更新和维护,保持资源的时效性和准确性。③促进资源共享与利用是建立教学资源共享平台,促进资源在不同部门、不同学校之间的共享和利用。通过数字化手段,实现资源的快速检索和获取,提高资源的利用效率。④加强教师培训与支持是加强对教师的数字化技能培训和支持,提高教师利用数字化教学资源的能力和水平。通过定期的培训和交流活动,促进教师之间的经验分享和互助合作。

(二)高校体育教学评价体系的应用效果

1. 提高体育教学的科学性和有效性

数字化评价体系能够全面、准确地收集和分析数据,为体育教学的个性化、精准化提供了可能。通过数据分析和可视化呈现,教师可以更直观地了解学生的学习情况和教学效果,从而制定更加科学有效的教学计划。

2. 促进教师教学水平的提升

数字化评价体系能够为教师提供反馈和建议,帮助他们发现教学中的问题和不足。教师可以根据评价结果调整教学策略和方法,提高教学水平,实现教学相长。

3. 优化体育课程的教学质量

数字化评价体系能够对体育课程的教学质量进行全面评估。根据评估结果,学校可以对课程进行优化和改进,提高课程的教学质量和效果,满足学生的学习需求。

4. 推动体育教育的信息化进程

数字化评价体系的应用是教育信息化在体育领域的具体实践。通过数字化手段提高体育教学的科学性和有效性,推动体育教育的信息化进程,为培养全面发展的高素质人才提供支持。

（三）高校体育教学评价体系的未来展望

1.技术创新与融合

随着技术的不断进步和创新,数字化评价体系将不断融合新的技术手段和理念。未来可以期待更多创新技术的应用,如人工智能辅助评价、虚拟现实技术和增强现实技术在体育教学中的应用等。

2.个性化与精准化教学

数字化评价体系将进一步推动体育教学的个性化和精准化。通过数据分析和可视化呈现,教师可以更准确地了解学生的学习情况和需求,为学生提供更加个性化的教学方案和支持。

3.教学资源的优化配置

数字化评价体系将帮助学校更加合理地配置教学资源。通过数据分析和可视化呈现,学校可以了解教学资源的利用情况和需求情况,从而进行更加科学的资源配置和规划。

二、高校体育教学评价体系实施

高校体育教学评价体系的实施是一个系统工程,它涉及评价目标设定、评价标准制定、评价数据的收集与分析以及评价结果反馈与改进等多个环节。以下是对高校体育教学评价体系实施步骤的详细阐述。

（一）评价目标设定

高校体育教学评价体系的总体目标及具体目标设定非常明确且全面,以下是对这些目标的进一步阐述和细化。

1.总体目标

高校体育教学评价体系的总体目标是提升体育教学的质量和效率,同时促进学生的全面发展。这一目标旨在通过数字化手段,优化体育教学流程,提高教学效果,同时关注学生的个体差异,促进其身心健康和综合素质的全面提升。

2.具体目标

（1）提高体育教学的精准性。包括学习进度评估、教学效果监测和个性化教学。①学习进度评估是利用数字化平台记录学生的学习进度,通过数据分析,精准评估学生的学习状态,为教师提供有针对性的教学指导。②教学效果监测是通过数字化手段,实时监测教师的教学效果,如学生参与度、课堂互动情况等,为教师提供教学反馈,帮助教师及时调整教学策略。③个性化教学是基于学生的学习进度和兴趣,利用数字化资源,提供个性化的教学内容和练习建议,满足不同学生的学习需求。

(2)促进学生体质健康。包括体质监测、锻炼建议和健康档案管理。①体质监测是利用智能穿戴设备等数字化工具,定期监测学生的体质健康状况,包括心率、血压、体重、体脂率等指标。②锻炼建议是基于体质监测数据,为学生提供个性化的锻炼建议和计划,帮助学生改善体质,提高健康水平。③健康档案管理是建立学生健康档案,记录学生的体质变化,为长期跟踪和健康管理提供依据。

(3)增强体育教学的互动性。包括师生互动、生生互动和学习兴趣激发。①师生互动是通过数字化平台,如在线讨论区、即时通信工具等,增加师生之间的互动交流,及时解答学生的疑问,提高教学效果。②生生互动是利用数字化平台组织小组合作学习、在线竞赛等活动,促进学生之间的交流和合作,培养学生的团队协作能力和竞争意识。③学习兴趣激发是通过数字化手段,如虚拟现实、增强现实等技术,创设生动有趣的体育教学场景,激发学生的学习兴趣和参与度。

3.实施策略

为了实现上述目标,高校需要采取一系列策略来推进体育教学评价体系的实施。

(1)技术支持。引进先进的数字化设备和平台,确保数据收集的准确性和分析的可靠性。同时,加强技术培训和指导,提高师生的数字化素养。

(2)师资培训。对体育教师进行数字化教学技能培训,提高其利用数字化手段进行教学设计和实施的能力。

(3)制度建设。建立完善的数字化教学评价制度和管理机制,确保评价工作的顺利开展和结果的公正性。同时,鼓励师生积极参与数字化教学评价体系的改进和完善工作。

(4)资源整合。整合校内外数字化教学资源,为学生提供丰富多样的学习内容和练习机会。同时,加强与其他高校和机构的合作与交流,共同推动体育教学评价体系的发展。

(二)评价标准制定

为了确保高校体育数字化教学评价体系的科学性和有效性,我们需要根据总体目标制定具体、可操作的评价标准和指标。以下是对教学内容、教学方法、学生学习效果和教师教学能力等方面的评价标准及指标的阐述。

1.教学内容评价标准

(1)丰富性。其评估指标包括课程是否涵盖了体育理论知识、运动技能、健康生活方式等多个方面。其评估方法包括通过查阅教学大纲和教案,以及学生反馈,评估课程内容的全面性和多样性。

(2)实用性。其评估指标是教学内容是否贴近学生实际,能否满足学生的锻炼需求和健康需求。其评估方法是通过问卷调查、访谈等方式,收集学生对教学内容实用性的评价。

(3)创新性。其评估指标包括教学内容是否包含新的教学理念、教学方法和技术手段。其评估方法是分析教学计划和教案,观察教师在课堂中是否采用了新颖的教学方式和技术手段。

2.教学方法评价标准

(1)多样性。多样性评估指标指教师是否采用了多种教学方法,如讲解示范、分组讨论、实践操作等。其评估方法是通过课堂观察、教学视频分析等方式,评估教学方法的多样性。

(2)灵活性。其评估指标是教师是否根据学生的实际情况和学习需求,灵活调整教学方法和节奏。评估方法是通过课堂互动记录、学生反馈等方式,评估教师教学方法的灵活性。

(3)有效性。其评估指标是教学方法是否能够有效促进学生的学习和锻炼水平,提高教学效果。评估方法是通过学生的学习成绩、技能测试、问卷调查等方式,评估教学方法的有效性。

3.学生学习效果评价标准

主要从知识掌握程度、技能提升情况和学习态度与兴趣三个方面进行分析。

(1)知识掌握程度。其评估指标包括学生对体育理论知识、运动规则、健康生活方式等方面的掌握情况。其评估方法是通过数字化测试(如在线考试、知识问答等)或调查问卷,评估学生的知识掌握程度。

(2)技能提升情况。其评估指标包括学生在运动技能、体能素质等方面的提升情况。评估方法是通过技能测试(如运动技能考核、体能测试等)或数字化设备(如智能穿戴设备)监测数据,评估学生的技能提升情况。

(3)学习态度与兴趣。其评估指标是学生对体育课程的学习态度是否积极,是否对体育活动感兴趣。评估方法包括通过问卷调查、访谈等方式,收集学生对体育课程的学习态度和兴趣评价。

4.教师教学能力评价标准

主要从教学设计能力、课堂管理能力和教学反馈与改进能力进行分析。

(1)教学设计能力。其评估指标是教师是否能够根据学生的实际情况和学习需求,合理设计教学计划和教案。其评估方法是通过查阅教学计划和教案,以及课堂观察等方式,评估教师的教学设计能力。

(2)课堂管理能力。其评估指标是教师是否能够有效管理课堂秩序,促进学生的积极参与和互动交流。评估方法是通过课堂观察、学生反馈等方式,评估教师的课堂管理能力。

(3)教学反馈与改进能力。其评估指标是教师是否能够及时收集学生的学习反馈,并根据反馈进行教学方法和内容的改进。评估方法是通过查阅教学反思记录、学生评价等方式,评估教师的教学反馈与改进能力。

(三)评价数据收集与分析

1. 数据收集

为了确保高校体育数字化教学评价的准确性和有效性,我们需要从多个渠道收集全面、多样的数据。

(1)利用数字化设备收集学生运动数据。数字化设备包括智能手环、运动传感器等。数据类型包括运动时间、运动强度、心率、步速、跳跃高度等。采集方式可以通过穿戴式设备和传感器实时采集学生在体育活动中的各项数据。

(2)通过数字化平台收集学生学习数据。平台有在线学习系统、问卷调查系统等。数据类型包括学习时长、学习进度、作业完成情况、在线测试结果等。采集方式有学生在数字化平台上进行自主学习和测试时,系统自动记录相关数据。

(3)收集教师教学数据。数据类型包括教学计划、教学日志、教学反思、课堂观察记录等。采集方式是教师通过数字化平台提交教学计划、日志和反思,或进行课堂观察时记录相关数据。

2. 数据分析

收集到数据后,我们需要进行清洗、整理和分析,以提取有价值的信息并评估体育教学的效果。

(1)数据清洗与整理。包括去除无效和异常数据和数据标准化。①去除无效和异常数据是指检查数据中的缺失值、重复值和不合理值,并进行相应的处理。②数据标准化是将不同来源、不同格式的数据进行统一处理,以便进行后续分析。

(2)运用统计学方法和数据挖掘技术进行分析。主要包括描述性统计、相关性分析和数据挖掘技术。①描述性统计是计算数据的均值、标准差、最大值、最小值等统计量,以了解数据的整体分布和特征。②相关性分析是分析不同变量之间的相关性,以揭示它们之间的内在联系。③数据挖掘技术是运用聚类分析、关联分析、预测模型等方法,从数据中挖掘出潜在的模式和规律。

（3）评估体育教学效果。根据分析结果，评估体育教学的整体效果，包括学生对体育知识和技能的掌握程度、教师的教学能力和课堂管理效果等。

（4）生成可视化报告。利用数据分析工具（如 FineBI、SPSS、Excel 等），将分析结果以图表、报告等形式进行可视化展示。可视化报告应包含详细的数据分析和可视化图表，以便教师和教育管理者快速了解和应用评价数据。

（5）应用分析结果。根据分析结果，制定针对性的改进措施，如调整教学内容、改进教学方法、加强课堂管理等。将分析结果反馈给教师和学生，以便他们了解教学中的优点和不足，并采取相应的改进措施。

（四）评价结果反馈与改进

1. 结果反馈

（1）呈现方式。包括图表展示、报告生成和教师反馈。①图表展示是利用柱状图、折线图、饼图等直观展示学生的学习成绩、进步情况、技能掌握程度等。②报告生成是为每位学生生成详细的学习报告，包括各项技能的得分、进步幅度、优势与不足等。③教师反馈是为教师提供班级整体学习情况的报告，包括学生平均成绩、优秀率、及格率等关键指标。

（2）个性化学习建议。包括学习建议和锻炼计划。①学习建议是根据学生的学习报告，为学生提供个性化的学习建议，如加强某项技能的练习、提高训练频率等。②锻炼计划是为每位学生量身定制锻炼计划，包括每周的训练次数、训练内容、训练强度等。

（3）教师教学改进建议。包括教学反思和改进建议。①教学反思是基于学生的学习情况和教学效果，为教师提供教学反思的建议，如教学方法的改进、课堂管理的优化等。②改进建议是针对教师在教学中存在的问题，提出具体的改进建议，如增加互动环节、调整教学内容等。

2. 持续改进

（1）调整和优化教学内容。根据评价结果和学生的学习需求，定期更新教学内容，确保教学内容与时俱进。根据学生的掌握情况，适当调整教学内容的难度，确保学生能够循序渐进地提高。

（2）改进教学方法和手段。采用多种教学方法，如情境教学、案例教学、游戏化教学等多样化教学，激发学生的学习兴趣。充分利用数字化教学资源，如在线视频、互动平台等开展教学实践，提高教学效果。

（3）加强个性化指导。针对学习困难的学生，提供一对一的辅导，帮助他们克服学习障碍。鼓励学生组成学习小组,通过互助学习提高学习效果。

（4）鼓励师生参与评价体系改进。定期向教师和学生征集对评价体系的意见和建议,了解他们的需求和想法。根据师生的反馈,不断完善和优化数字化教学评价体系,确保评价结果的准确性和有效性。

（5）建立反馈机制。建立定期反馈机制,确保评价结果能够及时反馈给教师和学生。对改进措施进行跟踪和评估,确保改进措施能够取得实际效果。

（五）实施保障措施

为了确保高校体育教学评价体系的顺利实施和持续改进,实施保障措施有以下方面。

1.技术支持

（1）引进先进设备。购置高性能的计算机、数据采集设备（如可穿戴设备、心率监测器等）、高清摄像头等,以满足体育教学的数据收集需求。引进或自主研发适合体育教学的数字化平台,用于数据存储、分析和报告生成。

（2）系统维护与升级。定期对数字化设备和平台进行维护,确保其正常运行和数据安全。根据技术进步和教学需求,定期更新和升级软件和算法,提高数据分析的准确性和效率。

（3）技术支持团队。成立技术支持团队,负责设备维护、平台操作培训和技术咨询。建立应急响应机制,确保在设备或平台出现故障时能够迅速解决。

2.师资培训

（1）数字化技能培训。定期组织教师参加数字化技能培训,包括设备操作、平台使用、数据分析等。通过模拟教学场景,让教师在实际操作中掌握数字化教学的技巧和方法。

（2）教学理念更新。引导教师树立以学生为中心的教学理念,注重培养学生的创新能力和实践能力。分享成功的数字化教学案例,激发教师的学习兴趣和积极性。

（3）交流与合作。组织教师参加校际交流活动,学习其他学校在数字化教学方面的先进经验。邀请数字化教学领域的专家来校讲座,为教师提供最新的教学理念和技术支持。

3.制度建设

（1）评价制度。根据体育教学大纲和学生特点,制定科学合理的数字化教学评价标准。采用多种评价方式,如学生自评、互评、教师评价等,确保评价结果的全面性和准确性。

（2）管理机制。明确各级管理人员和教师的职责,确保评价工作的有序开展。建立监督与反馈机制,对评价过程进行全程监控,及时发现问题并予以纠正。

（3）激励与约束。对在数字化教学评价中表现优秀的教师和学生给予表彰和奖励。对未按规定执行评价工作的教师或学生,采取相应的约束措施。

第七章

数字化体育教学模式存在的问题、面临的挑战以及对策与展望

随着科技的不断发展,数字化体育教学逐渐成为体育教学的新趋势。然而,在实际应用过程中,数字化体育教学也暴露出一些问题。高校数字化体育教学在推进过程中确实面临技术、资金、人才、教学和管理等方面的挑战。本章将针对数字化体育教学出现的问题、挑战进行分析研究,并提出相关的对策,以及数字化背景下高校体育教学模式与实践研究的未来与展望。

第一节　数字化体育教学模式实施中的问题

高校数字化体育教学存在的问题主要体现在以下几个方面。

一、数字化体育教学设施不够完善

数字化体育教学设施不够完善是当前高校数字化体育教学中面临的一个重要问题,具体表现在硬件设施缺乏和软件资源不足两个方面。

(一)硬件设施缺乏

一些高校受到经济条件的限制,难以配置先进的数字化体育教学设备。这些设备通常包括智能化运动追踪器、虚拟现实设备、高清摄像设备、大型互动显示屏等。这些硬件设施的缺乏限制了数字化体育教学的实施,使得一些创新的教学方法和手段无法得到有效应用。例如,没有虚拟现实设备,学生就无法在虚拟环境中进行体育锻炼,体验运动的趣味性和挑战性;没有智能化运动追踪器,教师就无法实时获取学生的运动数据,从而难以进行精准的教学评估和个性化的教学指导。

(二)软件资源不足

除了硬件设施外,数字化体育教学还需要丰富的软件资源支持。这些软件资源通常包括在线体育教育资源库、多媒体教学平台、运动数据分析软件等。然而,部分高校在软件资源的建设上还存在不足。例如,一些高校的在线体育教育资源库更新不及时,内容陈旧,无法满足学生的学习需求;一些高校的多媒体教学平台功能单一,缺乏互动性和趣味性,无法激发学生的学习兴趣;一些高校的运动数据分析软件不够智能,无法提供精准的数据分析和个性化的教学建议。

(三)建议措施

为了解决这些问题,高校可以采取以下措施。

(1)加大投入。高校应加大对数字化体育教学设施的投入,包括购置先进的硬件设备和开发优质的软件资源。这需要高校领导层对数字化体育教学给予足够的重视和支持。

(2)合作共建。高校可以与企业、研究机构等合作共建数字化体育教学设施。通过合作,可以共享资源、降低成本、提高效率。

(3)资源共享。高校之间可以建立数字化体育教学资源共享机制,实现资源的优化配置和高效利用。这不仅可以缓解一些高校资源不足的问题,还可以促进不同高校之间的交流和合作。

(4)教师培训。高校应加强对体育教师的数字化技术培训,提高他们的数字化素养和教学能力。通过培训,教师可以更好地掌握数字化体育教学设施的使用方法和技巧,从而更有效地开展数字化体育教学。

二、体育教师数字化素养有待提升

体育教师数字化素养的提升是当前数字化教育转型中的重要一环。针对体育教师数字化素养有待提升的问题,下面对其现状、原因及改进建议进行分析。

(一)体育教师数字化素养现状

(1)数字技术应用能力不足。一些体育教师受传统体育教学观念的影响,对数字化技术的接受程度较低。他们在教学中缺乏运用数字化技术的创新意识和能力,难以有效发挥数字化技术的优势。

(2)培训和学习机会有限。尽管一些高校已经意识到提升体育教师数字化素养的重要性,但提供的培训和学习机会仍然有限。体育教师在数字化技术的应用上缺乏系统性和持续性的学习,难以不断提升自己的数字化教学能力。

(二)体育教师数字化素养有待提升的原因

(1)传统体育教学观念的影响。长期以来,体育教师可能习惯于传统的教学方式,对数字化技术的引入持保守态度。

(2)缺乏系统的培训体系。高校在提升体育教师数字化素养方面缺乏系统的培训体系,导致教师难以获得全面、系统的学习机会。

(3)资源投入不足。部分高校在数字化体育教学设施和资源上的投入不足,限制了体育教师数字化素养的提升。

(三)体育教师数字化素养改进建议

(1)加强培训与学习。高校应加大对体育教师数字化素养的培训力度,提供丰富多样的培训和学习机会。培训内容应包括数字化技术的基础知识、应用技能以及数字化教学的方法和策略。

(2)建立资源共享与合作机制。高校可以建立数字化体育教学资源共享平台,促进体育教师之间的交流和合作。通过共享优质的教学资源和经验,提升体育教师的数字化教学能力。

(3)鼓励教学创新与实践。鼓励体育教师积极尝试新的数字化教学方法和工具,如在线互动平台、虚拟实验室等。通过实践不断探索数字化技术在体育教学中的应用效果,并不断优化和改进教学策略。

(4)完善评价与反馈机制。建立完善的数字化体育教学评价与反馈机制,对体育教师的数字化教学能力进行定期评估。根据评估结果提供有针对性的指导和建议,帮助体育教师不断提升自己的数字化素养。

(5)加强政策支持与资金投入。高校应争取政府和相关部门的政策支持与资金投入,用于数字化体育教学设施的建设和资源的开发。通过改善硬件和软件环境,为体育教师提供更好的数字化教学条件。

三、数字化体育教学资源整合不足

数字化体育教学资源整合不足的问题确实存在,并对高校体育教学的质量和效率产生了负面影响。

(一)资源分散问题

目前,一些高校的数字化体育教学资源分散在不同的部门和平台中,如体育系、教务处、信息中心等,这些部门缺乏统一的管理和整合。这导致教师在使用资源时需要花费大量的时间和精力进行搜索和筛选,降低了教学效率。具体来说,资源分散可能导致以下问题:

(1)重复建设。不同部门可能独立开发相似的资源,导致资源浪费。

(2)使用不便。教师需要访问多个平台或系统才能获取所需的资源,增加了使用难度。

(3)更新滞后。由于资源分散,难以实现统一的更新和维护,可能导致资源过时或失效。

(二)共享机制不健全问题

数字化体育教学资源的共享机制还不够健全,不同高校之间、不同部门之间的资源难以实现有效共享。这限制了资源的充分利用和效益发挥。共享机制不健全可能导致以下问题。

(1)资源孤岛。各个高校或部门之间的资源无法互通有无,形成资源孤岛。

(2)合作困难。由于缺乏统一的共享机制,高校之间或部门之间的合作变得困难重重。

(3)效益低下。资源无法充分利用,导致整体效益低下。

(三)改进建议

为了解决数字化体育教学资源整合不足的问题,以下是一些改进建议。

(1)建立统一的管理体系。高校应建立统一的管理体系,对数字化体育教学资源进行统一规划、统一管理和统一整合。这有助于避免资源分散和重复建设的问题。

(2)搭建共享平台。高校可以搭建数字化体育教学资源共享平台,实现资源的互通有无和共享利用。这有助于打破资源孤岛,提高资源的利用效率。

(3)加强合作与交流。高校之间应加强合作与交流,共同开发优质的数字化体育教学资源。通过合作与交流,可以促进资源的共享和互补,提高整体的教学质量。

(4)完善评价与反馈机制。建立完善的数字化体育教学资源评价与反馈机制,对资源的质量和利用效果进行定期评估。这有助于及时发现问题并采取相应的改进措施,提高资源的利用效益。

四、数字化体育教学评价体系尚未建立

数字化体育教学评价体系尚未建立的问题确实存在,并对体育教学的质量和效果评

估带来了挑战。下面是对这一问题进行分析以及可能的改进方向。

(一)评价标准不明确

目前,数字化体育教学的评价标准尚缺乏统一性和科学性。不同高校或教师可能采用不同的评价标准,导致评价结果的主观性和不公平性。这种不明确性使得评价标准难以准确反映学生的学习效果和教师的教学质量。

(二)评价手段单一

许多高校在数字化体育教学的评价过程中仍然依赖传统的考试和测评方式,如体能测试、技能考核等。这些方式虽然在一定程度上能够反映学生的体育水平,但缺乏多样性和创新性,难以全面反映学生的学习成果和教师的教学水平。特别是,它们可能无法充分评估学生在数字化环境中的学习表现,如在线互动、自主学习等能力。

(三)改进方向

为了解决上述问题,改进方向有如下几方面。

(1)建立统一、科学的评价标准。相关部门应组织专家对数字化体育教学的评价标准进行深入研究,制定出一套统一、科学的评价体系。评价标准应涵盖多个方面,包括学生的体能、技能、学习态度、在线互动等,以全面反映学生的学习效果。

(2)丰富评价手段。引入多样化的评价手段,如在线测试、同伴评价、教师评价、自我反思等,以更全面地评估学生的学习成果。利用大数据技术对学生的学习数据进行挖掘和分析,为评价提供客观、准确的依据。

(3)加强教师培训。加强对体育教师的培训,提高他们的数字化素养和教学能力,使他们能够更好地适应数字化体育教学的要求。培训内容应包括数字化教学评价的理论与实践、评价工具的使用等。

(4)完善评价反馈机制。建立完善的评价反馈机制,及时向学生和教师提供评价结果和反馈意见。根据评价结果和反馈意见,对教学策略和学习方法进行相应的调整和优化。

(5)鼓励创新与实践。鼓励体育教师积极尝试新的数字化教学评价方法和工具,不断探索适合本校和学生的评价方式。通过实践验证评价方法的可行性和有效性,并不断优化和改进。

五、信息安全和隐私保护问题

在数字化体育教学的实施过程中,信息安全和隐私保护问题确实不容忽视。下面是对这一问题进行详细分析,并提出可能的解决方案。

(一)数据泄露风险

在数字化体育教学中,学生的个人信息和运动数据等敏感信息可能会被收集和处理。这些信息一旦泄露,将对学生的个人隐私和权益造成严重侵害。数据泄露风险主要来源于以下几个方面。

(1)系统漏洞。数字化体育教学系统可能存在安全漏洞,黑客可能利用这些漏洞进行攻击,窃取学生信息。

(2)人为失误。一些高校或教师在处理学生信息时可能因疏忽大意而导致信息泄露。

(3)第三方服务提供商。如果高校与第三方服务提供商合作,而这些提供商的安全措施不到位,也可能导致信息泄露。

(二)隐私保护意识不足

一些高校和教师在数字化体育教学的过程中缺乏隐私保护意识,没有采取必要的措施来保护学生的隐私信息。这主要体现在以下几个方面。

(1)政策不明确。部分高校没有制定明确的隐私保护政策,导致教师在处理学生信息时缺乏明确的指导。

(2)培训不足。一些高校没有对教师进行足够的隐私保护培训,导致教师不了解如何正确处理和保护学生信息。

(3)技术落后。部分高校在数字化体育教学方面的技术投入不足,导致安全措施不到位,难以有效保护学生信息。

(三)解决方案

为了解决数字化体育教学中信息安全和隐私保护问题,可能的解决方案有以下几点。

(1)加强系统安全防护。定期对数字化体育教学系统进行安全检查和漏洞修复,确保系统安全。采用先进的加密技术,保护学生信息在传输和存储过程中的安全。

(2)提高隐私保护意识。制定明确的隐私保护政策,并加强对教师的培训,提高他们的隐私保护意识。鼓励教师学习相关的法律法规和隐私保护知识,确保在处理学生信息时遵守相关规定。

(3)加强第三方服务提供商的监管。在与第三方服务提供商合作时,应明确其安全责任和义务,并对其进行严格的监管和评估。确保第三方服务提供商采取必要的安全措施来保护学生信息。

（4）建立数据备份和恢复机制。定期对数字化体育教学系统中的数据进行备份，以防止数据丢失或损坏。建立数据恢复机制，以便在数据泄露或损坏时能够迅速恢复数据。

（5）加强监管和执法力度。相关部门应加强对数字化体育教学的监管，确保高校和教师在处理学生信息时遵守相关法律法规。对违反隐私保护规定的行为进行严厉打击，以维护学生的合法权益。

第二节 数字化体育教学面临的挑战与应对措施

高校数字化体育教学在推进过程中确实面临着一系列挑战，这些挑战涉及技术、资金、人才、教学和管理等多个方面。

一、技术挑战与应对措施

（一）技术挑战

高校数字化体育教学在技术方面面临的挑战主要包括设备成本高、技术集成难度大以及数据安全和隐私保护问题。

1.设备成本高

（1）硬件成本高昂。数字化体育教学所需的智能设备、传感器、虚拟现实技术和增强现实技术等硬件成本较高，这对于许多资金有限的高校来说是一大负担。这些设备往往价格昂贵，且需要定期维护和更新，进一步增加了教学成本。

（2）维护和更新投入。除了初始购买成本外，这些设备的维护和更新也需要持续的投入。随着技术的不断进步，设备可能很快过时，需要频繁更换或升级，这对于高校来说是一个持续的财务压力。

2.技术集成难度大

（1）技术多样性。数字化体育教学需要整合多种数字技术，如视频分析、运动生物力学、虚拟现实等。这些技术的集成需要专业的技术支持，而高校在这方面可能缺乏相应的技术积累和经验。

（2）系统兼容性。不同系统之间的数据交换和互通是一个技术难点。不同设备、软件和系统之间的兼容性问题可能导致数据传输不畅或数据丢失，从而影响教学效果。

（3）新旧系统过渡。随着技术的更新换代，如何确保新旧系统之间的顺畅过渡也是一个挑战。高校需要制定详细的过渡计划，以确保在升级过程中不会中断教学或造成数据丢失。

3. 数据安全和隐私保护

（1）数据泄露风险。数字化体育教学涉及大量学生个人数据的收集、存储和分析。如果这些数据没有得到妥善保护，就可能面临泄露的风险。一旦数据泄露，可能会对学生的个人隐私和权益造成严重侵害。

（2）隐私保护法规。随着隐私保护法规的不断完善，高校在收集、处理和使用学生个人信息时需要遵守更多的规定和要求。这增加了高校在数据安全和隐私保护方面的责任和义务。

（3）技术防护能力。为了保护学生的个人数据和隐私，高校需要采取有效的技术措施进行防护。然而，一些高校可能缺乏足够的技术能力和资源来应对这些挑战。

（二）应对措施

针对以上技术挑战，高校可以采取以下措施来应对。

（1）加大资金投入。高校可以通过争取政府资助、与企业合作或引入社会资本等方式，增加对数字化体育教学的资金投入，用于购买设备、培训教师和开发教学资源等。

（2）加强技术研发和合作。高校可以加强与技术公司的合作，共同研发适合体育教学的数字化技术和设备。同时，也可以与其他高校或研究机构开展合作，共享技术和资源，降低研发成本。

（3）完善数据安全和隐私保护机制。高校应建立完善的数据安全和隐私保护机制，包括制定详细的数据安全政策和流程、加强员工的安全意识培训、采用安全防火墙和入侵检测系统等技术手段来保护系统和数据的安全。

（4）推动技术创新和资源整合。高校应鼓励技术创新和资源整合，利用新技术和新方法提高数字化体育教学的质量和效果。同时，也可以整合校内外资源，为学生提供更丰富多样的学习体验。

二、资金挑战与应对措施

（一）资金挑战

高校数字化体育教学在资金方面确实面临诸多挑战，主要包括资金不足和资金分配不均两大问题。

1.资金不足

（1）预算限制。许多高校在体育教学方面的预算有限，这直接限制了数字化体育教学的投入。由于资金紧张，高校往往难以承担数字化体育教学所需的设备和人力成本。

（2）设备采购与维护。数字化体育教学需要配备先进的智能设备、传感器等硬件设备。这些设备的采购和维护成本较高，对于资金有限的高校来说是一大负担。

（3）人力成本。除了设备成本外，数字化体育教学还需要专业的技术人员和教师团队来支持。这些人员的培训和薪酬也是一笔不小的开支。

2.资金分配不均

（1）传统体育教学项目占用资金。在一些高校中，体育教学资金可能更多地被用于传统体育教学项目，如田径、球类运动等。这些项目历史悠久，基础设施完善，因此更容易获得资金支持。

（2）数字化体育教学资金短缺。相比之下，数字化体育教学的资金分配相对较少。这导致数字化体育教学在设备采购、技术研发、教师培训等方面的投入不足，难以充分发挥其优势。

（3）资金分配机制问题。高校内部的资金分配机制可能存在问题，导致数字化体育教学难以获得足够的资金支持。一些高校可能缺乏科学的资金分配标准和流程，导致资金分配不公平或不合理。

（二）应对措施

针对以上资金挑战，高校可以采取以下措施来应对。

（1）争取政府资助。高校可以积极向政府申请专项资助，用于支持数字化体育教学的建设和发展。政府通常会提供一定的资金支持，以促进教育创新和改革。

（2）与企业合作。高校可以与相关企业开展合作，共同推进数字化体育教学的建设和运营。企业可以提供资金、技术和设备支持，而高校则可以利用自身的教学资源和科研优势，实现互利共赢。

（3）优化资金分配机制。高校应建立科学的资金分配机制，确保数字化体育教学能够获得足够的资金支持。这包括制定合理的资金分配标准和流程，加强资金使用的监管和评估等。

（4）提高资金利用效率。高校应提高资金的利用效率，确保资金精准投入关键环节。这包括优化设备采购计划、加强教师培训和管理、提高教学质量和效果等。

三、人才挑战与应对措施

(一)人才挑战

高校数字化体育教学在人才方面确实面临诸多挑战,其中最为突出的是缺乏专业人才和教师培训不足的问题。

1.缺乏专业人才

(1)复合型人才稀缺。数字化体育教学需要既懂体育教学又懂数字技术的复合型人才。然而,这类人才在高校中相对稀缺,难以满足数字化体育教学的需求。这主要是由于体育教学和数字技术是两个不同的领域,需要跨学科的知识和技能。

(2)招聘难度增加。由于复合型人才稀缺,高校在招聘时面临更大的竞争压力。同时,这类人才的薪酬要求也相对较高,进一步增加了高校的招聘成本。

2.教师培训不足

(1)数字技术知识缺乏。许多体育教师可能缺乏数字技术方面的知识和技能,难以适应数字化体育教学的需求。这主要是由于传统体育教学注重的是体育技能和知识的传授,而数字化体育教学则更加注重数字技术的应用和创新。

(2)培训机会有限。尽管一些高校已经意识到教师培训的重要性,但由于资金、时间等资源有限,往往难以提供足够的培训机会。这导致体育教师难以获得最新的数字技术和教学理念,难以提高数字化体育教学的质量和效果。

(二)应对措施

针对以上人才挑战,高校可以采取以下措施来应对。

(1)加强人才培养和引进。高校可以通过设立奖学金、提供科研支持等方式,吸引和培养既懂体育教学又懂数字技术的复合型人才。同时,也可以从其他领域引进具有相关技能和经验的人才,为数字化体育教学注入新活力。

(2)加强教师培训。高校应加强对体育教师的数字技术培训,提高他们的数字素养和教学能力。培训可以包括在线课程、研讨会、工作坊等形式,帮助教师掌握最新的数字技术和教学理念。

(3)建立激励机制。高校可以建立激励机制,鼓励体育教师积极参与数字化体育教学的探索和实践。例如,可以设立教学创新奖、科研成果奖等,对在数字化体育教学中取得突出成果的教师给予表彰和奖励。

(4)促进跨学科合作。高校可以促进体育教学与计算机科学、数据科学等的跨学科合作,共同推进数字化体育教学的创新和发展。通过跨学科合作,可以整合不同领域的知识和资源,为数字化体育教学提供更多的可能性。

四、教学挑战与应对措施

(一)教学挑战

高校数字化体育教学在教学方面确实面临一些挑战,主要包括教学方式创新不足和教学资源整合困难。

1.教学方式创新不足

(1)传统教学模式的延续。一些高校在数字化体育教学中仍然沿用传统的教学模式和方法,如讲授、演示、演练等。这些模式往往缺乏创新和互动性,难以激发学生的学习兴趣和积极性。

(2)缺乏数字化教学意识。部分体育教师可能对数字化体育教学的认识不够深入,缺乏利用数字技术改进教学方式的意识。他们可能更习惯于传统的教学方式,对数字化教学工具和平台的使用不够熟练。

(3)技术应用的局限性。尽管一些高校已经引入了数字化教学设备和平台,但在实际应用中往往局限于简单的演示和记录,而没有充分发挥其在教学中的潜力和优势。

2.教学资源整合困难

(1)资源分散。数字化体育教学需要整合各种教学资源,包括课程资源、教师资源、设备资源等。然而,在实际操作中,这些资源往往分散在不同的部门或机构中,难以实现有效的整合和共享。

(2)技术兼容性。不同品牌和型号的设备之间可能存在技术兼容性问题,导致资源整合时面临技术障碍。这增加了资源整合的难度和成本。

(3)缺乏统一标准。目前,数字化体育教学领域尚未形成统一的技术标准和规范,导致不同高校之间的教学资源难以实现互认和共享。这限制了教学资源的有效利用和拓展。

(二)应对措施

针对以上教学挑战,高校可以采取以下措施来应对。

(1)推动教学方式创新。鼓励体育教师积极探索数字化体育教学的新模式和方法,如利用虚拟现实、增强现实等技术手段,增强教学的互动性和趣味性。同时,可以组织教学研讨会、工作坊等活动,促进教师之间的交流和分享。

（2）加强教师培训。定期对体育教师进行数字化教学技术和理念的培训，提高他们的数字化素养和教学能力。培训可以包括在线课程、实践操作、案例分析等多种形式。

（3）建立教学资源共享平台。高校可以建立统一的教学资源共享平台，将课程资源、教师资源、设备资源等整合在一起，实现资源的有效共享和利用。这有助于降低资源整合的成本和难度，提高教学效率和质量。

（4）制定统一的技术标准和规范。在数字化体育教学领域制定统一的技术标准和规范，有助于不同高校之间的教学资源实现互认和共享。这可以促进教学资源的有效利用和拓展，推动数字化体育教学的持续发展。

五、管理挑战与应对措施

（一）管理挑战

高校数字化体育教学在管理方面确实面临一些挑战，主要包括管理制度不完善和评估机制不健全。

1. 管理制度不完善

（1）缺乏系统性。高校在数字化体育教学方面的管理制度可能尚未建立或完善，导致管理混乱和效率低下。这主要是由于数字化体育教学是一个相对较新的领域，高校在管理和规范方面还在摸索和尝试阶段。

（2）管理职责不明确。由于管理制度不完善，高校各部门在数字化体育教学管理中的职责可能不明确，导致工作推诿、责任不清等问题。这会降低管理的效率、影响效果，甚至引发管理混乱。

（3）资源分配不均。管理制度的不完善还可能导致资源分配不均的问题。一些高校可能将更多的资源投入数字化体育教学的硬件建设上，而忽视了软件、师资等关键资源的投入，从而影响教学的整体效果。

2. 评估机制不健全

（1）缺乏科学性和客观性。数字化体育教学的评估机制可能缺乏科学性和客观性，难以准确反映学生的学习效果和教师的教学质量。传统的体育教学评估方式往往侧重于学生的体能和运动技能，而数字化体育教学则更加注重学生的信息素养、创新思维和综合能力等方面的评估。然而，目前的评估机制可能还没有充分考虑到这些方面的变化，导致评估结果不够准确和全面。

（2）评估标准不统一。由于数字化体育教学是一个相对较新的领域，各高校在评估标准方面可能存在差异。这会导致评估结果的不可比性和不公平性,难以形成统一的教学质量和学生学习效果的衡量标准。

(3)评估手段单一。目前,一些高校的数字化体育教学评估手段可能还比较单一,主要依赖于学生的考试成绩和教师的自我评价。这种评估方式可能无法全面反映学生的学习情况和教师的教学水平,也无法提供有针对性的改进建议。

(二)应对措施

针对以上管理挑战,高校可以采取以下措施来应对。

(1)完善管理制度。高校应建立完善的数字化体育教学管理制度,明确各部门的职责和工作流程。同时,应加强对管理制度的宣传和培训,确保相关人员能够理解和遵守制度要求。

(2)建立科学的评估机制。高校应建立科学的数字化体育教学评估机制,注重评估的科学性和客观性。评估应涵盖学生的学习效果、教师的教学质量、课程内容的适宜性等多个方面。同时,应建立统一的评估标准和评估手段,确保评估结果的公平性和可比性。

(3)加强监督和反馈。高校应加强对数字化体育教学的监督和反馈机制,及时发现和解决教学中存在的问题。可以通过建立教学日志、学生反馈、教学检查等方式来收集信息,为改进教学提供有力的支持。

(4)鼓励创新和实践。高校应鼓励体育教师在数字化体育教学中进行创新和实践,探索适合本校特点的教学模式和方法。同时,可以组织教学研讨会、工作坊等活动,促进教师之间的交流和分享。

六、其他挑战与应对措施

数字化体育教学面临的挑战还有:部分学生可能对数字化体育教学持怀疑态度,认为其不如传统体育教学有效,从而影响其学习积极性和参与度。数字技术的快速发展使得设备和软件更新换代迅速,高校需要不断投入资金来更新设备和技术,以保持数字化体育教学的先进性。

为了克服这些挑战,高校可以采取以下措施。

(1)加大资金投入。高校应增加对数字化体育教学的资金投入,用于购买设备、培训教师和开发教学资源等。

(2)加强人才培养和引进。高校应培养或引进既懂体育教学又懂数字技术的复合型人才,以满足数字化体育教学的需求。

(3)完善管理制度和评估机制。高校应建立完善的数字化体育教学管理制度和评估机制,确保教学的规范性和有效性。

(4)推动技术创新和资源整合。高校应鼓励技术创新和资源整合,利用新技术和新方法提高数字化体育教学的质量和效果。

(5)提高学生接受度。高校应通过宣传和教育等方式提高学生对数字化体育教学的接受度,激发其学习积极性和参与度。

第三节 数字化体育教学的对策

针对数字化体育教学的对策,现从以下几个方面进行考虑和实施。

一、完善体育设施,优化数字赋能的软硬件环境

(一)加强基础设施建设

(1)智慧操场建设。引入智能传感器和摄像头,实时监测运动数据,如跑步速度、距离、心率等。设置电子显示屏,展示运动数据、课程信息、运动建议等。配备智能音响系统,用于播放运动音乐、指导语音等。

(2)智慧教室改造。安装大屏幕显示器和投影设备,便于展示教学视频、PPT等。配备交互式白板,支持手写、标注、分享等功能,提高课堂互动性。引入VR/AR技术,提供沉浸式运动体验,如虚拟足球比赛、模拟游泳等。

(3)校园网络优化。升级校园网络带宽,确保数据传输速度和稳定性。部署无线网络覆盖,方便学生在操场上使用智能设备。建立网络安全防护体系,保障数据传输和存储的安全性。

(二)配备智能化设备

(1)运动数据分析软件。选择功能全面、易于操作的数据分析软件,用于记录和分析学生的运动数据。软件应支持数据可视化,便于学生和教师直观了解运动情况。提供个性化训练建议,帮助学生制定科学的运动计划。

(2)智能运动追踪器。选用可穿戴设备,如智能手环、智能手表等,实时监测学生的运动状态。设备应具备轻便、防水、耐用特性,适配各种运动场景。提供数据同步功能,

将运动数据上传至云端,便于后续分析和利用。

(3)其他智能化设备。引入智能健身器材,如智能跑步机、智能哑铃等,提供实时的运动数据反馈。设置智能门禁系统,用于管理体育场馆的进出和预约。配备智能音响和灯光系统,根据课程内容自动调整氛围。

在实施这些措施时,还需要注意以下几点:①资金保障。确保有足够的资金投入,用于购买设备、升级网络等。②技术培训。对体育教师进行技术培训,使他们能够熟练使用智能化设备进行教学。③学生引导。引导学生正确使用智能化设备,培养他们的数字素养和网络安全意识。④持续更新。随着技术的发展,不断更新和升级软硬件设施,保持数字化体育教学的先进性和实用性。

二、强化队伍建设,提高体育教师的综合素养

强化体育教师队伍的建设,提高他们的综合素养,特别是信息化素养,是推进数字化体育教学的关键。这里主要从加强信息化培训和引进专业人才进行分析。

(一)加强信息化培训

(1)定期培训。组织定期的信息化培训课程,包括数字化教学软件、智能设备使用、数据分析工具等。确保培训内容既涵盖基础操作,也包含高级应用,如课程设计与实施、数据驱动的个性化教学等。

(2)实践应用。鼓励体育教师在日常教学中应用所学技能,如使用智能设备进行运动监测,利用数据分析软件评估学生表现。设立试点班级或项目,让体育教师有机会在实践中学习和探索数字化教学方法。

(3)交流与合作。组织体育教师之间的交流与分享活动,促进经验交流和技术互助。邀请数字化体育教学领域的专家开展讲座或工作坊,拓展教师的专业视野。

(4)激励机制。设立奖励机制,表彰在数字化体育教学中表现突出的体育教师。将信息化应用能力纳入教师评价体系,激励教师不断提升自身技能。

(二)引进专业人才

(1)招聘策略。制定明确的招聘计划,明确所需人才的专业背景、技能要求和岗位职责。在招聘过程中注重考察应聘者的教育理念、团队合作能力和创新思维。

(2)专业背景。优先考虑具有信息技术、体育教育复合背景的人才,他们既能理解体育教学需求,又能熟练运用信息技术。引进具有大数据分析、人工智能、虚拟现实等领域专长的人才,为数字化体育教学的创新提供技术支持。

（3）融合与协作。促进新引进人才与现有体育教师队伍的融合，通过团队建设活动、教学研讨等方式增强团队凝聚力。鼓励新人才与体育教师共同开发数字化教学资源，如教学视频、在线课程等。

（4）持续培养。对新引进人才进行体育教学理念的培训，使他们更好地理解体育教学的特点和需求。提供持续的职业发展机会，如参加国内外学术会议、进修课程等，保持他们的专业技能和创新能力。

通过上述措施的实施，可以显著提升体育教师的信息化素养和技术应用能力，为数字化体育教学的顺利开展提供坚实的人才保障。同时，这也将促进体育教师队伍的多元化和专业化发展，推动体育教学质量的全面提升。

三、变革教学方式，发挥"数字+体育"的融合效应

变革教学方式，特别是将数字技术与体育教学深度融合，是提升体育教学质量和效率的重要途径。这里主要从创新教学模式和个性化教学两方面进行分析。

（一）创新教学模式

（1）线上线下融合教学。①线上预习与复习。利用在线平台发布教学视频、预习材料和复习资料，让学生在课前了解教学内容，课后巩固所学知识。②线下实践与指导。在课堂上，教师利用智能设备进行示范，学生则通过穿戴设备实时获取运动数据，教师根据数据反馈进行针对性指导。③混合式教学。结合线上和线下的优势，设计互动性强、参与度高的教学活动，如线上竞赛、线下挑战赛等。

（2）智能辅助教学。利用智能设备（如智能手环、智能眼镜）监测学生的运动状态，实时反馈运动数据，帮助学生更好地掌握运动技巧。引入虚拟现实和增强现实技术，创建沉浸式运动环境，提高学生的运动兴趣和参与度。

（3）项目式学习。设计以项目为基础的学习任务，如组织一场校园运动会、开发一款运动 App 等，让学生在实践中学习、应用和创新。鼓励学生团队合作，培养他们的领导力、沟通能力和团队协作能力。

（二）个性化教学

（1）大数据分析。收集学生的运动数据，如心率、速度、力量等，通过大数据分析技术，识别学生的运动习惯和潜在问题。根据数据分析结果，为每位学生制定个性化的运动计划和教学方案。

（2）智能推荐系统。利用机器学习算法，根据学生的学习进度、兴趣和能力，智能推

荐适合他们的运动项目和课程。实时调整推荐内容,以适应学生的学习变化和发展需求。

(3)差异化教学。针对学生的不同需求和能力,设计不同难度和类型的运动任务,确保每位学生都能得到适合自己的挑战和成长。鼓励学生在自己的兴趣和能力范围内探索和创新,培养他们的自信心和自主学习能力。

(4)反馈与调整。定期收集学生的反馈意见,了解他们对教学模式和个性化教学的看法和建议。根据反馈结果,及时调整教学策略和方法,以满足学生的需求和期望。

通过上述创新教学模式和个性化教学策略的实施,可以充分发挥"数字+体育"的融合效应,提升体育教学的质量和效率,激发学生的学习兴趣和参与度,培养他们的运动技能和健康生活方式。

四、完善评价机制,科学进行体育教学评价

在数字化体育教学背景下,完善评价机制,科学进行体育教学评价是提升教学质量、促进学生全面发展的重要环节。

(一)数字化评价

(1)动作数据记录与分析。利用智能穿戴设备、摄像头等数字技术,实时记录学生的运动动作过程。通过数据分析软件,将动作数据化、可视化,如生成动作轨迹图、速度曲线等,帮助教师更直观地了解学生的动作表现。

(2)即时反馈与指导。教师根据数字化评价结果,即时给予学生反馈,指出动作中的优点和不足。利用虚拟现实(VR)或增强现实(AR)技术,模拟运动场景,为学生提供个性化的指导训练。

(3)建立动作数据库。积累学生动作数据,建立动作数据库,用于长期跟踪学生的动作发展变化。通过数据分析,发现学生动作技能的进步趋势,为教学调整提供依据。

(二)综合评价

(1)核心素养评价。体育与健康课程的学习评价应围绕核心素养展开,包括基本运动技能、体能、专项运动技能、健康基本知识与技能等方面。设定明确的评价标准和指标,确保评价的客观性和公正性。

(2)学习态度与体育品德评价。关注学生在学习过程中的态度表现,如积极性、合作精神、遵守规则等。通过观察、记录、问卷调查等方式,收集学生在体育品德方面的表现数据。

（3）进步情况评价。设立个人进步档案,记录学生每次测试或练习的成绩,对比前后数据,评价学生的进步情况。鼓励学生不断进步,注重过程的评价而非结果的单一评价。

（4）健康意识与行为养成评价。通过问卷调查、访谈等方式,了解学生对健康知识的理解和健康行为的养成情况。结合学生的日常生活表现,如饮食习惯、运动习惯等,综合评价学生的健康意识。

（三）数字化评价与综合评价相结合

（1）整合评价数据。将数字化评价与综合评价的数据进行整合,形成全面的评价报告。报告应包含学生的动作数据、核心素养评价、学习态度与体育品德评价、进步情况评价以及健康意识与行为养成评价等方面的内容。

（2）科学分析评价结果。利用数据分析软件,对评价结果进行科学分析,找出学生的优势和不足。根据分析结果,制定针对性的教学计划和改进措施。

（3）个性化反馈与指导。根据评价结果,为学生提供个性化的反馈和指导,帮助他们明确自己的发展方向。鼓励学生根据自己的实际情况,制定个性化的学习计划,实现自我提升。

通过上述措施的实施,我们可以完善评价机制,科学进行体育教学评价,提高评价的全面性、科学性和精准性,为学生的全面发展和体育素养的提升提供有力支持。

五、保障数据安全,加强隐私保护

在数字化体育教学的背景下,保障数据安全与加强隐私保护是至关重要的。下面是对加强数据安全管理和提高技术应用安全系数的具体策略和措施。

（一）加强数据安全管理

（1）建立数据安全管理制度。制定详细的数据安全管理制度,明确数据的收集、存储、使用和销毁流程。设立专门的数据安全管理部门或岗位,负责监督数据安全管理的实施。

（2）数据加密与备份。对敏感数据进行加密处理,确保在传输和存储过程中的安全性。定期对数据进行备份,以防止数据丢失或损坏。

（3）访问控制与权限管理。实行严格的访问控制机制,确保只有授权人员才能访问敏感数据。根据职责和需要,为不同用户分配不同的数据访问权限。

（4）数据泄露监测与应急响应。建立数据泄露监测系统,及时发现并报告数据泄露事件。制定数据泄露应急响应计划,确保在发生数据泄露时能够迅速采取行动,减少损失。

(5)合规性检查与审计。定期对数据安全管理制度的执行情况进行检查,确保符合相关法律法规的要求。进行数据安全审计,评估数据安全管理措施的有效性,并及时进行改进。

(二)提高技术应用安全系数

(1)软件与设备安全。使用经过认证的软件和设备,确保它们没有安全漏洞。定期对软件和设备进行更新、安装补丁,以修复已知的安全问题。

(2)网络安全。部署防火墙、入侵检测系统等网络安全设备,防止网络攻击和数据泄露。使用安全的网络连接方式,如 VPN,确保数据传输过程中的安全性。

(3)用户身份验证与授权。实施多因素身份验证,如密码、指纹、面部识别等,提高用户账户的安全性。根据用户的角色和职责,授予适当的访问权限,防止越权操作。

(4)安全意识培训。定期对用户进行安全意识培训,提高他们的数据保护意识和技能。鼓励用户报告可疑的安全事件,以便及时采取措施。

(5)第三方服务提供商管理。与第三方服务提供商签订数据保护协议,明确他们在数据处理过程中的责任和义务。定期对第三方服务提供商进行安全审计,确保他们遵守数据保护规定。

通过上述措施的实施,我们可以加强数字化体育教学过程中的数据安全管理,提高技术应用的安全系数,确保学生在使用数字化教学工具时的安全。同时,这也有助于建立学生对数字化体育教学的信任感,促进数字化体育教学的健康发展。

六、培养学生自律性和网络素养

在数字化体育教学的背景下,培养学生的自律性和网络素养是至关重要的任务。以下是一些具体策略和措施,旨在通过引导学生合理安排学习时间、提高信息筛选和鉴别能力等方式,提升学生的自主学习能力和网络素养。

(一)培养学生自律性

(1)设定明确的学习目标和计划。引导学生根据自己的学习进度和能力,设定短期和长期的学习目标。制定详细的学习计划,包括每天的学习时间、内容和任务,以帮助学生合理安排时间。

(2)建立自我监控机制。鼓励学生使用数字工具(如时间管理应用、学习进度跟踪表)来监控自己的学习进度和时间分配。引导学生定期反思和总结自己的学习情况,及时调整学习计划和策略。

（3）建立自我激励和奖惩机制。鼓励学生设定自我激励目标，如完成某项学习任务后给予自己奖励。设定合理的惩罚机制，如未完成学习任务时减少娱乐时间等，以培养学生的责任感和自律性。

（二）提升学生网络素养

（1）提高信息筛选和鉴别能力。教育学生如何识别网络信息的真伪和可靠性，避免受到虚假信息的误导。引导学生学会从多个渠道获取信息，并进行对比和验证，以形成全面的认识。

（2）培养批判性思维。鼓励学生对网络信息进行批判性分析，思考信息的来源、目的和可能的影响。引导学生学会提出问题、质疑和反思，以培养学生独立思考和解决问题的能力。

（3）加强网络安全意识。教育学生了解网络安全的基本知识和常见风险，如个人信息泄露、网络诈骗等。引导学生学会保护自己的个人信息，如设置强密码、不随意泄露个人信息等。

（4）倡导健康网络行为。鼓励学生合理安排上网时间，避免过度沉迷于网络游戏或社交媒体。引导学生学会利用网络进行有益的学习和交流，如参与在线讨论、观看教育视频等。

七、推动教学内容与资源更新

推动教学内容与资源的更新，以适应学生需求和技术发展，是提升数字化体育教学质量的关键。下面的一些具体策略和措施，旨在鼓励高校和教师积极更新数字化体育教学的内容和资源。

（一）建立内容更新机制

①定期评估与反馈。建立定期的教学内容评估机制，收集学生、教师和行业专家的反馈，了解当前教学内容的有效性和学生需求的变化。②持续更新计划：根据评估结果，制定持续的内容更新计划，确保教学内容始终与学生需求和技术发展保持同步。

（二）引入新的教学理念和方法

①混合式学习。结合线上和线下教学，利用数字化工具提供丰富的学习资源和互动平台，增强学生的学习体验。②项目式学习。鼓励学生通过团队合作完成实际项目，将理论知识应用于实践中，提升问题解决能力和团队协作能力。③翻转课堂。将传统课堂上的讲授内容转移到课外，利用视频、阅读材料等数字化资源，课堂时间则用于讨论、实

践和问题解答。

（三）拓展教学内容和形式

①多元化教学资源。引入视频教程、虚拟实验室、在线测试、互动游戏等多种形式的数字化教学资源，丰富教学内容。②跨学科融合。将体育与健康、营养学、心理学等相关学科的知识融入体育教学，拓宽学生的知识面和视野。③案例研究。通过引入国内外先进的体育教学案例，让学生了解最新的教学理念和实践成果，激发他们的学习兴趣和参与度。

（四）促进教师专业发展

①持续培训。为教师提供定期的数字化教学技能培训，包括教学软件使用、在线课程设计、数据分析等，提升他们的教学能力和技术水平。②交流平台。建立教师交流平台，鼓励教师分享教学经验、资源和创新思路，促进教师之间的合作与学习。③激励机制。设立奖励机制，表彰在教学内容和资源更新方面表现突出的教师，激发他们的工作积极性和创新精神。

（五）加强校企合作

①产学研结合。与相关企业合作，共同开发数字化体育教学资源和平台，推动教学内容与技术的深度融合。②实习实训。为学生提供在企业实习和实训的机会，让他们了解行业前沿技术和市场动态，提升他们的实践能力和就业竞争力。

通过上述策略和措施的实施，可以鼓励高校和教师积极更新数字化体育教学的内容和资源，以适应学生需求和技术发展。这将有助于提升学生的学习兴趣和参与度，推动数字化体育教学的持续发展和创新。

第四节　数字化体育教学模式的未来展望

数字化背景下高校体育教学模式与实践研究的未来展望，可以从以下几个方面进行。

一是深化理论研究。未来研究应进一步深化对数字化体育教学的理论基础研究，明确其与传统体育教学的关系，以及数字化技术在体育教学中的应用原理和机制。通过构建完善的理论体系，为数字化体育教学的实践提供坚实的理论支撑。

二是技术创新与融合。随着科技的不断发展，新的数字化技术将不断涌现。未来研究应关注这些新技术在体育教学中的应用潜力，如人工智能、大数据、物联网等。通过技术创新与融合，探索更加高效、智能、个性化的体育教学模式，提升体育教学的质量和效率。

三是教学模式优化。在数字化背景下，高校体育教学模式应不断进行优化和创新。未来研究可以探索更加灵活多样的教学模式，如线上线下混合式教学、翻转课堂等，以满足不同学生的学习需求和兴趣。同时，还可以研究如何更好地将数字化技术与体育教学相结合，实现体育教学的全面优化和创新。

四是教师数字素养提升。教师是数字化体育教学的关键实施者。未来研究应关注体育教师数字素养的提升策略和方法，包括技术培训、教学能力提升等方面。通过提升教师的数字素养，使他们能够更好地适应数字化体育教学的需求，提高教学效果。

五是学生自主学习能力培养。数字化体育教学为学生提供了更加自主、灵活的学习方式。未来研究可以探索如何培养学生的自主学习能力，使他们能够更加有效地利用数字化资源进行学习。通过培养学生的自主学习能力，激发他们的学习兴趣和动力，提高学习效果。

六是教学质量评估与反馈机制。建立科学的教学质量评估与反馈机制是提升数字化体育教学质量的重要手段。未来研究可以探索如何构建完善的教学质量评估体系，以及如何利用数字化技术实现教学质量的实时监测和反馈。通过教学质量评估与反馈机制，及时发现教学中存在的问题和不足，为改进教学提供有力的支持。

七是跨学科研究与合作。数字化体育教学涉及多个学科领域的知识和技术，如教育学、心理学、计算机科学等。未来研究可以加强跨学科的研究与合作，探索不同学科在数字化体育教学中的应用和融合方式。通过跨学科的研究与合作，推动数字化体育教学的创新和发展。

参考文献

[1]熊纯子.数字化教学在高校体育教学中的运用探索[J].学周刊,2024(1):106-109.

[2]陈志凌,孙娟,高颖博.我国数字化体育教学发展路径研究[J].南京体育学院学报,2015,29(4):99-105.

[3]王晶,李照和.数字化时代下微课在高校体育教学中的应用策略研究[J].教书育人(高教论坛),2019(11):95-97.

[4]谢天宇.高校体育教学数字化转型的现实挑战与实施路径[J].冰雪体育创新研究,2023(13):110-112.

[5]匡剑锋,余蓉晖.高校数字化体育教学的内涵机理、限制因素和推进机制[J].体育科技文献通报,2023,31(5):145-149.

[6]李长峰,周冰.数字化背景下高校体育教学模式创新策略[J].当代体育科技,2023,13(28):77-80.

[7]陈静怡.基于ChatGPT助力体育教学数字化的应用探析[J].冰雪体育创新研究,2023(9):133-136.

[8]张子涵.数字化赋能高校体育教学的现实价值与基本路径[J].教育信息化论坛,2023(7):30-32.

[9]曹宇.普通高等体育院校专项体育课程在线教学设计理论与实践研究[J].北京体育大学学报,2021,44(8):89-100.

[10]苏炳添,李健良,徐慧华,等.科学训练辅助:柔性可穿戴传感器运动监测应用[J].中国科学(信息科学),2022,52(1):54-74.

[11]王燕,孔瑞云.论多媒体技术在高校体育教学中的应用[J].中国报业,2021,21(24):122-123.

[12]吴正兴.互联网技术在高校体育教学中的应用策略[J].山西青年,2021,9(20):70-71.

[13]张瑞先.基于创新教育理念的高校体育教学方法的理论与实践探究[J].冰雪体育创新研究,2021(9):136-137.

[14]徐焕喆,赵勇军.新时代我国高校体育教学改革任务及措施[J].体育文化导刊,2022,3(2):98-103.

[15]段芙蓉.基于生态文明理念指导下的高校体育教学研究[J].湖北开放职业学院学报,2023,36(9):173-174,177.

[16]王晓敏.探析VR技术在高校体育教学中的应用[J].软件,2022,43(3):177-179.

[17]赵新民.新时代"体教融合"背景下高校体育"多维度、数字化"教学研究[J].体育科技文献通报,2022,30(1):145-149.

[18]余振东,党佳楠,杨小馒.高校体育信息化教学平台建设研究[J].老区建设,2021(24):85-90.

[19]马有保.以数字化技术助推高校体育教育高质量体系构建[J].教育评论,2021(11):53-57.

[20]杨韵.人工智能时代体育教学内涵特征、发展困境与推进策略[J].体育文化导刊,2022(9):104-110.

[21]闫士展.新冠疫情背景下体育在线教学的理论审视、现实反思与实践进路:"疫情下的学校体育"云访谈述评[J].体育与科学,2020,41(3):9-16.

[22]张得保,秦春波,张辉,等.新冠肺炎疫情下普通高校体育课在线教学的实施与思考[J].沈阳体育学院学报,2020,39(3):10-17.

[23]茅洁.基于VR、AR、MR技术融合的大学体育教学应用研究[J].武汉体育学院学报,2017,51(9):76-80.

[24]庄巍,樊莲香,汤海燕,等.新时代大学公共体育在线教学建设研究[J].体育学刊,2021,28(5):83-88.

[25]苏阳,彭国强,叶强.数据驱动学习:新时代学校体育教学的创新趋向与发展应对[J].天津体育学院学报,2022,37(2):181-187.

[26]王成.新冠疫情背景下高校健美课程在线教学设计探讨[J].体育学刊,2021,28(2):97-102.

[27]张丽军,孙有平.大数据驱动的体育精准教学模式研究[J].天津体育学院学报,2022,37(2):174-180,187.

[28]张芳波."互联网+"背景下中学体育多样化教学策略[J].知识窗(教师版),2022(9):87-89.

[29]卢宇,余京蕾,陈鹏鹤,等.生成式人工智能的教育应用与展望:以ChatGPT系统为例[J].中国远程教育,2023,43(4):24-31,51.

[30]XUE X,YU X,WANG F. ChatGPT chats on computational experiments:from interactive

intelligence to imaginative intelligence for design of artificial societies and optimization of foundational models［J］. IEEE/CAA Journal of Automatica Sinica, 2023, 10（6）: 1357-1360.

［31］欧阳诗文,游兴龙,田来.体育教学数字化转型助力学生体质提升[J].现代教学, 2023(5):66-67.

［32］王伟理,丛培才,柏林.高校数字化体育专业教学环境的构建与研究[J].佳木斯大学 学报(自然科学版),2017,35(2):340-343.

［33］刘莹.浅谈数字化教学在体育教育中的应用[J].无线互联科技,2015(23):82-83.

［34］唐月红.数字化背景下的体育教学探讨[J].广西教育,2019(10):161-162.

［35］陆斌.数字化校园背景下的体育教育教学[J].当代体育科技,2020,10(4):66+68.

［36］张锋.基于教师发展的区域基础教育教师队伍数字化转型[J].中国信息技术教育, 2023(20):76-78.

［37］徐锐敏,李枫.数字化背景下高校体育课程的改革和应用[J].当代体育科技,2023, 13(18):36-39.

［38］李冬颖."数字化"教育背景下高校体育教师专业发展思考[J].文体用品与科技, 2018(13):31-32.

［39］李会春.ChatGPT 的智慧生成特征及对高等教育的挑战[J].江苏高教,2023(8): 1-12.

［40］李书琴,刘旭.算法嵌入课堂教学:机遇、风险及其防范[J].当代教育科学,2023 (7):43-54.

［41］王建.智慧体育教学实施框架与开展思路[J].体育文化导刊,2023(5):103-110.

［42］黄贺,向敏.数字化背景下重庆民办高校体育教学模式探索.2023(23):77-79.

［43］郭炯,郝建江.智能时代的教师角色定位及素养框架[J].中国电化教育,2021(6): 121-127.